会说话的女人最强大

崔挚妍 编著

会说话的女人最好命，好口才的女人受欢迎

化学工业出版社
·北京·

图书在版编目（CIP）数据

会说话的女人最强大/崔挚妍编著. —北京：化学工业出版社，2013.1（2014.10 重印）
ISBN 978-7-122-15806-2

Ⅰ.①会… Ⅱ.①崔… Ⅲ.①女性-语言艺术-通俗读物 Ⅳ.①H019-49

中国版本图书馆 CIP 数据核字（2012）第 263465 号

责任编辑：马 骄　　装帧设计：尹琳琳
责任校对：陶燕华

出版发行：化学工业出版社（北京市东城区青年湖南街 13 号 邮政编码 100011）
印 装：化学工业出版社印刷厂
710mm×1000mm 1/16 印张 $15\frac{1}{2}$ 字数 166 千字 2014 年 10 月北京第 1 版第 5 次印刷

购书咨询：010-64518888（传真：010-64519686） 售后服务：010-64518899
网 址：http://www.cip.com.cn
凡购买本书，如有缺损质量问题，本社销售中心负责调换。

定 价：32.80 元

前言

会表达的女人是赢家

涉世越深的女人，越懂得说话这件事，不是小事。就拿你自身来说，学历不低，勤奋足够，技术过硬，哪方面都不比别人差，可为什么总是沉沦底层，不见出头之日呢？与职场红人相比，你的差距究竟在哪里？说话，你并不是败在自己的能力上，而是败在了说话上。

有些女人生性羞怯，不善言辞，她们平时很少说话，如果跟非常熟悉的人东拉西扯倒还可以，可到了正式场合，却说不出几句有用的话。行走在社会中，她们觉得处处词不达意，时时困窘尴尬。于是，别人就会说她们腼腆、内向。在大家的心目中，她们忠诚可靠，但缺乏周旋应变的处世能力，是不适合担当重任的。升迁之路一下子就被堵死了。

毕竟，现代社会是注重口才的，职场、商场，凡是要与人打交道的地方，口才都起着举足轻重的作用。会说话，才能够博得对方的好感，受到对方重视；善于说服人，就能证明自己的能力，就会比别人多一些成功的机会。无数事实证明，在当今社会，“茶壶里煮饺子——倒不出来”是不受欢迎的，敢表达并且善于表达才是真正的赢家。

可以说，会说话，是女人一种立足社会的能力，会说话的女人才能充分展现自己的才华，会说话的女人才能更好地生存和发展，会说话的女人才有威服众人的强大气场。因此，你必须训练你的口才。

本书以女人的视角，结合女性实际情况，用通俗流畅的语言，从不同角度为你提供相关的、切实可行的说话技巧，内容涉及说话的观念、说话的准备、说话的风格、说话的分寸、说服的绝招等多个方面，如：

★ 1234，开口之前请想好——告诉你那些言辞动人、渊博严谨的女性背后有着怎样丰富的积累、充分的准备，叹服之余你也应拓宽自己的视野，精心对待每一次重要的谈话。

★一语说到对方心理——让你懂得，女人说话，声音，是其吸引力的关键；语调，是其魅力源泉；温柔，是其金字招牌；情感，是其动人缘由，众美兼备，气场的强大就会势不可挡。

★有了气场，没了距离——提醒女人气场的形成有赖于出色的谈吐，但也需个人素养的配合，如穿着打扮、眼神表情、专注与真诚、稳健与灵活，各种因素都发挥得恰到好处，才能轻松俘获人心，拉近你与对方的距离。

★不怯场！和谁都能聊尽兴——帮助你走出怯场，摆脱冷场，不管和谁都能尽情畅聊，成为众人瞩目的社交红人！

★职场这样说，“Very Good”！——告诉你职场上会夸赞老板，会推销自己，能化解分歧，善打圆场，敢于自嘲的女人最紧俏。

★即使没有距离，也要掌握分寸——提醒你注意朋友、同事再亲密无间，也一样需要掌握分寸。否则，你的话别人就会不愿听，不想听，到最后干脆不听。

★有效说服，世界都会听你的——教给你一些心理学常识，一点话语操纵术，让你轻松具备三言两语就能让听者心服口服的风度和气场。

只要你用心揣摩，不断练习，成为说话的高手，无论在什么场合，都能妙语连珠，博得满堂彩，为自己平添人格魅力，凝聚掌控周遭的强大气场，从而实现在社交中八面玲珑，在职场中左右逢源，在生活中事事如意的美满人生！

编著者

2012 年 12 月

目录

Part3　一语说到对方心理　/061

Part4　有了气场，没了距离　/089

Part5　不怯场！和谁都能聊尽兴　/119

Part6　职场这样说，“Very Good”！　/147

Part7　即使没有距离，也要掌握分寸　/177

Part8　有效说服，世界都会听你的　/205

Part 1

说话这件事，可不是小事

说话这件事，可不是小事。当今社会，说话是一种能力，也是一种资本，一句话说得好不好，决定着你下地狱或是上天堂。可以说，女人好命不好命，就看你会不会说话。因此，我们要多练嘴上功夫，用锦绣口才彰显自己的魅力、强大自己的气场。

好命不好命，说话来决定

说话是一门艺术。出口成章的演讲者，给予听众的是身心愉悦；语惊四座的论道者，给众人的是精彩享受。三寸不烂之口舌，可胜百万雄师；谈笑风生之神姿，醉倒万千信徒。说话，俨然成为了职场上甚至生活中的一种修炼术，一种自我救赎和成长的幸福秘籍。

玉堂金马，妙语连珠；胸有沟壑，口若悬河。从某种程度上来说，无敌嘴上功夫的练就，圈定了一个人气场的大小。尤其是对于现代都市女人来说，你可以不漂亮，可以不聪明，但是你却不能不会说话。

会说话是女人不可不修炼的心经。工作中口齿伶俐、口吐莲花的女人更会得到领导的关爱、下属的敬爱乃至同行的厚爱；生活中谈吐得体、言语生香的女人更会得到长辈的疼爱、晚辈的仰爱乃至朋友的喜爱；家庭中甜言蜜语、善解人意的女人也同样更会得到丈夫的宠爱和子女的惜爱。会说话让女人一生顺风顺水、眷顾不断，甚至可以说，女人好命不好命，由会不会说话来决定。

历届“香港小姐”大赛都是众人关注的焦点。除了容貌胜人一筹外，很多入围决赛圈的选手在语言表达上也多有过人之处。某一届的“香港小姐”决赛选拔现场，杨小姐刚刚好入围，但是在这时却遭到主持人的刁难：“在面对肖邦和希特勒时，您会选择谁作为自己的终身伴侣？”此时已经进入了决胜阶段，充满着剑拔弩张的气氛，所以，能否回答好这个问题成为了选手是否可以继续前进的关键。但是，对很多人来说，这并不是一个简单的问题。如果选择肖邦，势必会落入世俗的套路，不能展现自己的智慧和过人的才华，而如果选择希特勒，难免会遭到众人的批评甚至谩骂。岂料就在这关键时刻，杨小姐却果断沉稳地回答道："我会选择希特勒。"听到这个答案后，在场的所有人几乎都震惊了，因为按照惯性思维延伸下去，这样的回答很可能在经由媒体报道后引发一场不可估量的"战争"！好在主持人早有准备，在惊愕之余忙追问她为什么会做出这样的选择。只听当时的杨小姐坦然自若地解释道："我选择希特勒是因为，当我嫁给他之后，我希望可以凭借自己的一份真情去感化他，这样，历史就可能被改写，第二次世界大战也许就不会发生，而那么多的生灵也就不会遭受无谓的涂炭了。"

可想而知，杨小姐此言一出，台下掌声雷动，经久不息，就连台上的主持人和选手都为她这种精妙的回答折服。从容貌上来看，杨小姐并不是在场所有选手中最出众的，但是，她的这一避重就轻、避实就虚的回答，让现场紧张的气氛一下子有了拨云见日、豁然开朗的感觉。这一句话不但让她摆脱了尴尬困境，更让所有人领略了她语言上的智慧，让她的美由内而外溢出来，展现了她与众不同的魅力。事实上，自此之后，杨小姐确实拥有了一种别样的精彩人生。

天生的容貌不是我们自己可以决定的。但是，优雅的谈吐和睿智的表达却是我们每个人可以在后天修炼成的。无数的事实证明，口才是否出众已经成为一个人人生成败的关键，甚至是左右命运前进方向的舵手。

因此，聪明的女人不仅注重形体和外在的装扮，更注重自己口才的提升。而那些会说话的女人，也必定是好命的女人，因为她们能够用自己的言辞征服领导的耳朵，赢得下属的真心，博得父母的欢心，取得爱人的关心，获得朋友的忠心，甚至是同行的钦佩和折服之心。

所以，会说话的女人，也必定是个善解人意的女人。她们总会对交流的分寸拿捏得恰到好处，在不同的情景中扮演着人人欢迎的角色。如此，幸福和快乐没有理由不向她们敞开大门，任其畅行无阻。

所以，亲爱的姐妹们，还等什么呢？命运掌握在自己手中，更掌握在自己的口中。打开锻炼口才的大门，领悟语言表达的魔力，当一切驾轻就熟时，你好命的人生也就从此开启，扬帆远航了。

一句话，决定下地狱或上天堂

著名文学家沈从文曾说:“凡事都若偶然的凑巧，结果却又若宿命的必然。”人生一世，草木一秋。按照网络流行语的解释便是 :“神马都是浮云。”但是，这浮云之下的风景中，却永远也少不了舌尖上的飞短流长、你来我往或喃喃细语。有时候，或许你在不经意间说的一句话，就能够在别人的心底打下深刻的烙印，甚至自此改变一个人的人生轨迹。

多少成就并不在舌战群儒之巅，多少风华亦不存于侃侃而谈之时。风吹之时，草未动而心旌先摇；雪落之日，山未迎而天已苍茫。人之存于世，气场不可失。千锤百炼方能化茧成蝶。而这化茧的源头，却可能是那些年我们偶然间听过或说过的一句话。

“男人要么干事业，要么追女人。”经历大半辈子的起起落落后，如今事业有成的王宇终于得出了这样的一个结论。

然而，当年象牙塔里的王宇却是一个把追女孩当成人生最大爱好的情场高手。虽然他并不是高富帅，却总是能够凭借自己的金刚钻博得女孩子的欢心。尽管他为此付出了大部分的时间和精力，以致每个学期都有好几门科目需要补考，但他从未变更过自己“以女人为重”的生活理念。

秉承这样的目标，他在冒着因多门科目补考而将要被学校开除的危险，千方百计终于将班花廖洁追到了手。在追求女人的道路上，他的锲而不舍般的死缠烂打又一次奏效。

对此，王宇自是得意不已。但是，事情却并不像外人看上去的那样波澜不惊。转眼就到了大三下学期，已经相处了一段时间的两人照例在美丽的校园中散步。不经意间，廖洁来了这么一句:“我也不知道自己到底吃了什么迷魂药，居然和你这种人搅和在一起。”

脸皮比城墙还厚的王宇，在回去之后辗转反侧、夜不能寐了。廖洁的这句话，深深地刺疼了他的心。就在这一夜，他终于开始思考起人生的目标来。

第二天，几乎一夜未睡的王宇把廖洁约到了他们第一次约会的地方，跟她和平分手了。廖洁听到他的请求，不但不痛苦，反倒有一种重见天日的解脱感。

好事不出门，坏事传千里。很快，关于他们分手的传闻在校园里闹得沸沸扬扬，但是王宇始终微笑面对，不置可否。发奋学习的他，在随后的一次期末考试中取得了全系第一的好成绩。毕业在即，当校方意欲让他留校时，他婉言拒绝了。谁也没有想到，不久之后，他便走上了自主创业的道路。

此后，廖洁也“顺理成章”地凭借自己的美貌嫁给了一个富甲一方的大老板。

10多年过去了，他们一直没有再见过面。有一天，为了替丈夫物色一个可以设计其公司新大楼的全国顶级设计公司，廖洁前后花费了将近一个月的时间，终于敲定了一家全国著名的设计公司。

而当她见到这家公司的董事长兼总设计师时，却发现他就是当年与她和平分手的王宇。

创业初期的艰辛是无法想象的，最穷的时候，每天只能吃一包方便面度日。但是，上天终于还是眷顾了这位勤奋刻苦的人。

在他穷困潦倒的时候，一次看到路过的广场上停着一辆献血车，他心头一热便去献了血。正是这次献血让他发现原来自己竟然是一种概率为千分之一的很稀有的血型。巧合的是，他的血正好救了一位富翁老父亲的命。富翁是知恩图报的人，他花了大半年的时间四处寻找这位好心人，最后终于找到了王宇。为了表示感谢，富翁拿出了一百万给王宇，可是王宇却并没有拿这100万，而是向富翁借了10万，并对富翁说："这钱您先借给我，我要去开家公司，以后我肯定会还您。"为此，王宇还特地给富翁留了张借条。富翁自然不好再说什么，但是心中还是深深地为王宇的行动所折服。

经过这么多年的拼搏，王宇终于成功地走到了今天。王宇说："正是当年你的那句话让我重新认识了自己，改变了命运。其实我最想感谢的人就是你！"廖洁听完王宇的讲述，早已经是泪流满面。当年，她的室友对她说："你自身条件这么优秀，千万别过挤公交车的日子啊。"她若有所悟，便嫁入了豪门。虽然物质上不缺什么，但是她并不幸福。对于自己的丈夫来说，她不过就是一个花瓶。随着容颜的老去，他早已经对她失去了兴趣，而她对他在外面的风流韵事也无可奈何，只能睁只眼闭只眼，装糊涂地过日子。

命运总是在某个时间点开始转折。有时候，就女人而言，她们的一句话对他人所起的影响常常连她们自己都始料未及。室友的一句话让天生丽质的廖洁心生不劳而获的消极思想，最终她"如愿以偿"了，但也搭上了自己一生的幸福；廖洁不经意间的一句话让王宇醍醐灌顶，认清了人生真正的价值和意义，使得他从此走上了一条自我丰盈的康庄大道。

截然不同的轨迹源起于最初漫不经心的一句言辞。当风华绝代的岁月渐渐远去，留存心间的究竟会有多少的幸福或悔恨？女人的言语犹如她们的眼泪一样，常常会在一个无可寻觅的时间点带给人不可名状的悸动。一句话，上天堂或者下地狱，人生从此走进别处。

话多，并不算是会说

《汉书·张释之传》：“夫绛侯、东阳侯称为长者，此两人言事曾不能出口，岂效此啬夫喋喋利口捷给哉！”可见话多的历史源远流长，我们经常有种极大的误解，认为“多说话”就是“会说话”，其实不然，真正聪明的女人什么都知道，可是往往什么都不说。因此，无论在生活中或者职场中，即使遇到有人夸自己，我们也要保有一份自知之明。

为此，科学家们分别对 50 位男性和 50 位女性的大脑进行了扫描，研究结果表明：尽管男性比女性的大脑更大，但女性的大脑却比男性拥有更多善于说话、善于唠叨的神经细胞。由此可见，爱唠叨是女人的天性，而男人却对这种天性深恶痛绝。

针对此种现象，著名的心理学家特曼博士曾对 1500 对夫妇作过详细的调查，发现绝大多数男士都无法忍受妻子的唠叨和挑剔。有研究表明，任何一种个性都不会像唠叨、挑剔那样，会给家庭生活带来巨大的伤害。许多男士表示，他们宁愿容忍楼上楼下高分贝的装修噪声，却无法接受妻子没完没了的唠叨。让我们来看看这些大人物的经历。

恺撒由于无法忍受其第二任妻子终日喋喋不休，而决定与她离婚；大哲学家苏格拉底为了躲避他的妻子，不得已躲在雅典的树下沉思哲理；大文豪托尔斯泰宁愿在其82岁高龄时远走他乡，也不愿意继续忍受妻子话多的折磨，甚至在行将就木之时，也不愿意见妻子最后一面，好让自己安静地离开人世。

盼女人少说话，恨女人多说话，古今中外的男士竟同存此心。古希腊诗人萨拉朱斯雷有两句非常幽默也非常刻薄的《咏蝉》小诗：蝉的生活多么幸福呀，因它们有不会开口的太太。按常理，能言善道总是被人们当作优点来称赞的，女人们争先恐后表达自己也不是错事，但若是整日喋喋不休，便不免招人厌烦。

话多，也是职场中人一个普遍存在的毛病，现代职场中总会有极个别“碎嘴子”的员工，整天喋喋不休，这个毛病绝对是不招人喜欢的。因此，作为职业女性更应该时刻自省，不要不分场合、不分对象地喋喋不休，更不要把话多当作自己会说话。

李梅外语学院毕业之后，工作换了好几次，去过大的外企，也去过稳定的事业单位，最后应聘进了一家规模较小的外贸公司。由于专业方面有优势，李梅深受领导的器重，于是她的自信心有了前所未有的膨胀。

工作之余，她有事没事就和同事们炫耀自己曾去过哪些知名外企，如何受老板重视，炫耀她出国的经历和见闻。平常工作中，总是时不时地夹杂英语和同事交流工作，甚至和朋友打电话也要故意用英语聊天。

对于李梅工作上的优秀表现，在最初的时候，领导及同事都对其很尊重，谁也不会因为她初到公司就受到老板的重视而嫉妒。然而，久而久之，同事们对她的过分炫耀和自满感到厌烦，大家开始逐渐远离她，而对于她的自我炫耀也往往嗤之以鼻。而单位领导也认为她只是外语水平高，但在其他方面并无炫耀资本，如此炫耀会影响和同事的关系，尤其是屡次夸大在以前公司的业绩，让领导心里很不舒服。为此，领导单独与李梅谈话，希望她不要影响办公室的工作气氛，注意放低个人姿态，与同事保持融洽的关系。

而同事们的不满及领导的谈话，也让李梅渐渐认识到自己的问题。只图自己嘴快或者为享受旁人羡慕眼光而过分炫耀自身经历不仅会伤害到同事们的自尊心，更会让自己的人际关系陷入僵局。因此，当女性身处职场时，一定要把握好说话的时间、地点、内容以及对象。否则，你将会因为你的口无遮拦而付出不必要的代价。

周一上班，同事们发现小陈的眼睛已经哭红了，大家纷纷上前询问。小陈抽泣着告诉大家，她的丈夫为了生活中一些鸡毛蒜皮的小事而提出离婚。

之后，同事们开始为小陈愤愤不平。在大家眼里，小陈为了丈夫在事业上的顺利发展，白天工作，晚上还要包揽下所有家务，将小家治理得井井有条，没想到小陈的丈夫竟然提出离婚。同事们本意是安慰小陈，没想到却惹得小陈哭得更加伤心。而在之后的工作中，小陈无心工作，一味地沉浸在自己营造的委屈中，常常不由自主地落泪。一开始，同事们还会主动上前安慰，然而随着小陈在办公室哭诉次数的增多，渐渐地，大家都变得习以为常而无动于衷了。

小陈“祥林嫂”式的轮番轰炸让那些心怀同情之心的同事们生出腻烦心理，人们再也受不了其车轮战般的控诉了，纷纷逃之夭夭。

一个在职人员，在办公室里的时间，占一天时间的三分之一。话多是职场女性必须知晓的禁忌，尤其身处办公室时。因此，身在职场的女性要学会谨言慎行，当发现自己话多时要及时克制住，一旦你的喋喋不休成为了一种习惯，某一天你一定会后悔没有管好自己的嘴巴。

女人向来话多，梁实秋先生这样说过："女人的嘴，大概是用在说话方面的时候多。女孩子从小就口齿伶俐，就是学外语也容易朗朗上口，不像嘴里含着一个大舌头。等到长大之后，三五成群，说长道短，声音脆，嗓门高，如蝉噪，如蛙鸣，真当得好几部鼓吹。等到年事再长，万一堕入'长舌'型，则东家长，西家短，飞短流长，搬弄多少是非，惹出无数口舌；万一堕入'喷壶嘴'型，则琐碎繁杂，絮聒唠叨，一件事要说多少回，一句话要说多少遍，如喷壶下注，万流齐发，挡者披靡，不可向迩。一个人给他的妻子买一件皮大衣，朋友问他：'你是为让她舒适吗？'那人回答：'不是，为使她少说些话。'"因此，话多，并不等于会说话，说话是人的本能，但是把话说得又巧又好，是一项需要不断完善的技能，而对于女人来说，如若话多得惹人厌，还不如沉默来得可爱。

越爱表达，越容易被排斥

俗语云："一个女人顶五百只鸭子。"爱表达也许是多数女人与生俱来的天性。工作中，口齿伶俐者往往给人以做事精明的印象；辩论场上，口若悬河者也会让人有如沐春风的痛快感；而生活中侃侃而谈、滔滔不绝者也同样会给人留下知识渊博、语言表达能力优秀的良好感觉。对表达的擅长和热爱常常会给人的生活和工作迅速带来消除陌生感的便利，使人能够很快地融入新的团队或环境中。但是，并不是所有场合和时间段中的言语表达都是受人们喜爱的。

生活中女人的唠唠叨叨最终可能使得原本甜蜜的婚姻关系难逃分道扬镳的结局；朋友间不分时空的喋喋不休往往会让人生出现唯恐避之不及敬而远之的尴尬；而职场上的唧唧歪歪更会让同事对其产生腻烦和不信任的心理，落得个自我排斥的下场。表达过了头，唯有孤寂陪伴左右。

有一天，公司来了个长相乖巧的女孩子，工作时总是沉默有加，踏实无比。在正常的人际交流中，她也从来不喜欢多话，与人聊天时也总是面带淡淡的微笑。时间不长，大家就都喜欢上了她。

不久之后，这个部门又招了一个性格迥异的女孩子。她的一张嘴逮到谁都会说个不停，即使工作的时候也常常与周边的同事说长道短，让人感叹她旺盛精力的同时，也总会在心中对其忌惮三分。更有甚者，只要谁说话稍不如她意，她就会立马发起攻击，噼里啪啦就是一阵不分青红皂白的慷慨陈词，以致后来部门的很多同事都纷纷选择了请辞和借调。

看到身边的人一个个离她远去，女孩并没有醒悟，反而在最后向那个一直沉默的女孩子也发起了挑战。谁知当她喋喋不休地说了一通的时候，那个女孩却只是默默地笑着，一句话也没说，只在最后问了一句："啊？"最后，在四面楚歌之下，那个口似机关枪的女孩也只好主动请辞了。

爱表达固然没有错，但是，更重要的是，作为一个女人，我们应该学会表达，而不是不分时间和场合的肆无忌惮地唾沫横飞。孔子曰："不得其人而言，谓之失言。"也就是说，言语表达的深浅还要择人而定。人、时、地，任何人在说话时都必须要考虑这三个因素。所以，分不清这些要素爱表达的女人，往往会遭到他人的厌恶。

作为模特界的一位炙手可热的人物，珍妮的出众外貌确实吸引了很多关注的目光。但是，随着年岁的增长，她开始出人意料地转战政坛，意欲竞选州长。

竞逐意味着就要发表公开演说，珍妮以自己10多年来在模特界所创下的辉煌战绩为开场白，侃侃而谈她的苦难奋斗史。尽管她的表达冗长，但是她的事迹还是令人们感动得泪如雨下。

形势似乎一片大好。但是世事难料，在最终的结果没有确定之前，谁也不知道会发生什么。随着珍妮演讲次数的增加，人们发现，她每次的表达太冗长，抓不住重点，而且丝毫没有发觉听众们的腻烦情绪。

珍妮后来多次就她的个人奋斗史而大肆宣扬，而对步入政坛后的新举措的解读却逊色于其他竞逐者。事情开始变得跟人们当初想象的不一样了。人们不再认为珍妮是个可以带领大家一起步入更好生活的引领者和创造者，而只不过是为了借竞选来提升自己名气的平庸的吹牛大王。她的美丽再也不能为她增添更多的筹码了。最终，不出所料，在这次竞选中，珍妮一败涂地。

原本珍妮的拥趸数量相当可观，但是，正是她的这种在公众面前过分“爱表达”的自以为是，让她反倒逐渐成为了民众心中排斥的对象，从而失去了可以进一步成功的机会。

在现代都市社会中，竞争激烈，人们的生活节奏也是从未有过的快。在如此的大环境下，我们更要学会将“爱表达”的天性转变为“会表达”的能力，而不是一味地陈述令人乏味的话题。对此，著名的小说家马克·吐温有过很精彩的讲述。

一次马克·吐温去教堂做礼拜的时候，刚好碰到一位慈善家正在为非洲人民募捐做演讲。虽然这位慈善家演讲能力不敢苟同，但是当听了 5 分钟后，马克·吐温还是立马决定捐助 50 美元；但是这位慈善家又滔滔不绝地讲了 10 分钟、30 分钟以至一小时，最后等待大家的捐款。马克·吐温不但没有捐钱，反倒恶作剧般地从钵子中拿走了两美元。马克·吐温后来告诉他人说，本来这事情 5 分钟就可以讲完了，但是这位酷爱表达的慈善家却侃侃而谈了 1 个小时，以致他的形象在马克·吐温的心中一落千丈，说话风格也令人厌恶不已。到最后，原本满溢的同情心都被这位慈善家“爱表达”的显摆吞噬得一干二净了。

言语的魅力不在于多，甚至可以说，越多就越显得平庸，缺乏一种掌控大局的独一无二的气势和风范。职场中的女人要懂得“逢人只说三分话”的精要，不是深知，切勿畅所欲言，以图一时之快。如若有长谈的必要，自当择地

择时，量力而行。

当“爱表达”成为一种习惯，口无遮拦必定也如影随形，不期而至。作为现代都市女性，这并不是我们所期许的，更是会为世人所排斥的。因此，管好自己的嘴，戒掉吹嘘或种种其他的言语上争强斗胜的坏习惯，方能剔除给人的故弄玄虚的坏印象，博得好人缘。

毫无意义的口头禅，人人都厌烦

口头禅最早出自宋朝王楙的《临终诗》：“平生不学口头禅，脚踏实地性虚天。”这里所讲的“口头禅”是佛教禅宗用语，指的是未经心灵证悟就把一些现成的经言和公案挂在嘴边，以显得自己很得道。如今，口头禅已经成为了个人习惯用语的代名词，且在一般人看来，这些习惯用语大多是没有多大实际意义的。

但是，按照现代心理学的观点，口头禅其实也不完全就是一种语言上的过渡或者是累赘。著名心理学家威廉·詹姆斯就曾说过：“播下一个行动，收获一种习惯；播下一种习惯，收获一种性格；播下一种性格，收获一种命运。”常常脱口而出的口头禅，俨然已经成为了一个人的语言习惯，而从更深层次上来讲，这种习惯反映了一个人对某一类情形的反应模式。

具体而言，一个人喜欢使用什么类型的口头禅是与他的性格、生活遭遇或是精神状态密切相关的。所以说，一个人的口头禅是这个人向他人展示自己的标签，影响着他人对这个人的感觉。

单就女人说话而言，积极的、上进的口头禅会让人感到女性的阳光和魅力，让人心旌荡漾，甚至大受感染；有教养的词汇会让人感受到女性的文化气质，自是传达给人一种彬彬有礼的美丽。但是，也有很多人的口头禅过于消极、颓废，如“差不多吧”“随便”，往往让人觉得说话者缺乏主见、没有目标、安于现状;“据说”“也许”“算了吧”则显示说话者自信心不够;“无聊”“没劲”则会让人觉得说话者没有追求或者对现状所抱有的疲惫心态。

对于现代都市女性而言，没有正面意义的口头禅只会让人心生厌烦。不管你有意无意，你在别人的心中都会或多或少地打上折扣。一句在当事人看来再普通不过的口头禅，可能会让自己失去很多不可多得的机会和朋友。

有这样的一个女孩，有一件事很让她伤脑筋。不知为什么，她总感觉常常融入不了别人的圈子，不是她不愿意接近，而是别人总是不愿意和她交谈交往。为此，她不得不放下架子，咨询她最要好的一个朋友。她的朋友思忖良久，终于语重心长地对她说：“或许是你的口头禅惹的祸。”然后，她的朋友便一五一十地分析给她听。当大家在一起交谈说到某一件事情时，这个女孩总会在听完之后加上一句“我不相信”，尽管如此，她也说不出个令人信服的辩驳的理由来，这让人一下子感觉她不喜欢说话人，从而其他人也都很忌惮，主动与她保持距离，免遭攻击。久而久之，大家也都知道了她的说话风格，也自然就不愿和她多说话了。

从此，女孩便有意识地在说话的时候改掉了那句“我不相信”的口头禅，转而说“这是真的啊”这句话。很快情势便有了转机。当说话的人听到她这样充满好奇和信赖的反应，没有一个人不感到兴奋和喜悦。从此，那个不被人喜欢的女孩消失不见了，取而代之的是一个很多人都乐意同她聊天的可爱女孩。

毫无意义的口头禅无论对一个人的交际圈，还是对他本身为人处世的方式来说都是起不了任何积极作用的，更有甚者，还会让人对你失去信任，以为你犹如你的口头禅一样，是个敷衍了事的人。所以，如果你经常使用“我不行了”“我老了，不中用了”“我晕”等无意义的甚至是带有消极情绪的口头禅时，你就应该多加留意，不要让这些口头禅成为你人生的真实写照。

由此可见，对于在话语中带有类似口头禅的女性，有意识地去优化自己常用的口头禅就显得尤为必要。

在现代社会的快节奏下，女性承受着比以往社会更大的压力。因此，对于她们而言，应该多尝试使用正面词汇作为自己的口头禅，以起到自我激励和传递正面信息的作用。即便人生遭遇了重大转折和变故，我们也应该保持对人生的信心和掌控感，犹如耐克的那句经典广告语“Nothing is impossible.”一样，永远保持一种对人生的高昂斗志和积极心态。唯其如此，那些深藏在心底的私密信息才不会轻易地泄露，而这对于女性来说也更是一种不自觉的自我保护。

戒除毫无意义的口头禅，以积极正面的语言取而代之是每一个女性朋友都应该注意和争取的目标。当你的口头禅有了新鲜、向上而欢快的意义，你也就在不知不觉中得到了更多人的喜爱和肯定，人生新的一页也就从此掀开。

说正面的话，走正确的路

人生不如意十之八九。坎坷与挫折不可避免，困境与艰辛并行不悖。低谷的时候，我们仍然要有仰视高山的目光，锲而不舍地前进；失望的时候，我们同样要胸怀希望，矢志不移地奋斗。尤其是对于现代社会中愈发独立的女性而言，保持向上的积极心态对于行走人世尤为重要。

积极心态的保持有着多方面的决定因素，但这其中，说话的暗示作用举足轻重。常说负面话的人，从侧面反映了其内心的不自信或者其他的消极情绪，久而久之，这些信息就会在性格中沉淀，并逐渐在为人处世的现实生活中得到体现；常说正面话的人，其内心拥有的是一股坚韧和不服输的积极情绪，这些情绪同样在岁月的洗礼中会展现在性格的方方面面，从而教人走上正确的道路。

正面的话让女人由内而外散发出一种青春的能量和活力，指引其迈向更广阔的空间；始终秉承讲正面的话的女性朋友同样也会让周围的人受到强烈的感染，共同营造一个积极健康进取的氛围，让生活充满了希望和阳光。是故，唇齿生辉的女人是美丽的，她不仅自身散发着无穷的魅力，也在不经意间传承着这种独一无二的光芒，给予他人一种积极向上的力量。

很多年前，在华成为小芳的男朋友之前，他还只是小琴和小芳另一个部门的同事。但是，后来华一眼看上了小芳，一来二往，两人便谈起了恋爱。

为了“巴结”小琴和小芳，华时不时地会请这两人小聚。而在小琴的眼中，华也确实是个值得信赖和大方的人。华和小芳之间若有什么不方便当面说的，也都是托小琴代为转达。经过小琴的不懈努力，华与小芳之间的感情愈发地深厚了，以至于后来当小琴意识到自己纯粹是个电灯泡时，不由得一阵阵脸红。

世上没有不透风的墙。两人恋爱的事还是被小芳的父母知道了。他们以两家相隔太远为由极力地反对两人在一起。不得已，小芳被他们接回了老家，只为断绝他们二人之间的关系。此后原本开朗的华变得郁郁寡欢起来。作为小芳的好友，小琴自然是见不得他们这样。此时身边所有的人都不看好华和小芳，但是唯独小琴总是劝慰华说：“再等等吧，说不定她会千方百计地回来找你。”

一个多月后，事情果真出现了转机。小芳终于说服家里人回到了华的身边！看到小芳的那一刻，华热泪盈眶。

后来他们一起去了另一座城市，再后来还生了一对龙凤胎，华和小芳的父母别提多开心了。日子就这么幸福地过了下来。

多年后，华在一次聚会上跟小琴特意说了声谢谢，因为在当时他和小芳分开的时候，身边所有的人都劝他放手，而只有她坚持说要他等她回来。事实证明，她的劝慰非常正确，要不然，华会后悔一辈子的。

从内心来说，我们每个人都渴望得到别人的鼓励，尤其是在人生低谷的时候。因此，小琴的劝慰对当时的华来说，是所有负面声音中唯一可以给予积极力量的正面话语，所以尤为珍贵。小琴的正面劝慰，依然是维系华与小芳之间感情的月老红线。正是她的这些话，让华与小芳终于在万千险阻中看到了前路的光明，并最终走上了人生幸福之路。

全球首屈一指的个人成长权威人士博恩·崔西说：“你的大脑只能装一样东西，不是你所渴望，就是你所恐惧的。”我们的大脑里如果都充斥着负面的情绪和思想，生活也就“回馈”给我们同样的“不好”的一面；如果我们的头脑里都是好的念头，那么同样，生活亦会以礼还礼，给予我们那些正面的情愫。所以，时常对自己和他人说正面的话，能起到从心理上暗示和酝酿一种积极的情感和思想的作用，最终指引自己和他人踏上光明之旅。

不仅如此，在特定的时境下，正面的话语所激发出的正能量甚至可以让身处负面的人重新赢得人生的精彩，并取得更辉煌的成就。

日本的钢琴家馆野泉因为一场车祸导致右手残废。可想而知，对于一个钢琴家来说，这意味着什么。精神萎靡的馆野泉终日唉声叹气，无所事事，过着生不如死的日子。见到丈夫如此消沉，馆野泉的妻子很轻声地在他的耳边说：“上帝都有备份。”闻听此言，馆野泉顿时醍醐灌顶，从此，他走出心理上的负面阴霾，用左手弹起了钢琴，并最终成就了辉煌事业。

朱丽在小的时候，每次上体育课，只要一跑步，就铁定落在队伍的最后，为此她十分沮丧，却又不知如何是好。这时，她的妈妈鼓励她说：“孩子，不要伤心，你要往前看，以后凡是要跑步，你都盯着你前面的一个人并力争超过她就行。”她深深地记住了妈妈的这句话并始终一以贯之。很快，当一个学期快要结束的时候，她的跑步成绩已处于全班的中游水平了。不仅如此，她同样将妈妈这句激励的话语充分地利用到了学习和生活中。一路坚定地沿着一条正确的路走了过来。当从北京大学毕业后，她又获得了哈佛大学的全额奖学金，每一步都走出了精彩。

人生路上多磨难，世间之事岂都顺？女人心中的细腻念想，指引着生活走向幸福的彼岸。永远胸怀斗志，以积极的言语拥抱生活的所有给予，九曲回肠后，自是柳暗花明时。因此，任何时候，正面话语的力量都会让女人完成救赎与自我救赎的蜕变，而当你能够借此改变自己时，你也就主宰了自己的命运。

嘴巴会转弯，沟通抄近路

创造精神是人类最可贵的精神之一。创造的力量已经让人类改变了世界甚至宇宙，并同样一直在改变着我们的生活。从个人层面来说，我们每个人自身所拥有创造力的多少也直接影响着我们自身生活的方方面面。

说话也是如此。具有创造力的说话方式往往能够把握生活的最佳时机，上演逢凶化吉的绝佳好戏，并最终缔造幸福快乐的伟大奇迹。而这种所谓的有创造力的说话方式，说到底即是一种别出心裁地以非习惯的方式思考问题并表达思想的能力，即嘴巴拐弯的能力。

当采用直接表白、正面交谈的方法无法奏效时，间接表白、转弯交谈的方式往往会收到奇效。转弯，即是指先顾左右而言它，循循善诱，接着话锋一转再吐露自己的真实想法。较之于男人，天生情感细腻的女人更善于编织一张弯弯曲曲的言语的网，让人在敬佩其无敌魅力和能力的同时，也不失任何的面子，从而很轻易地就被其“笼络人心”。

妻子下班后，便早早地回家做好了一锅红枣饭。丈夫一回家便闻到了沁人心脾的香味。待端起碗时，自是忍不住问妻子如此香甜的红枣是哪里来的。

妻子随即便说是乡下姨妈托人捎来的。丈夫吃着红枣饭，不无感慨地说："姨妈真是个好心肠的人，去年送了很多的桃子，今年又捎这么好吃的枣来。"妻子说："那自是不必说的，我虽然从小失去了父母，但是姨妈一直就如亲生母亲一样待我的。"丈夫接着说："是啊，她老人家这一生也真够辛苦的。"妻子忽然叹了口气："听捎枣过来的司机师傅说，姨妈腰疼的老毛病又犯了……"丈夫听了之后忙说："那还等什么，我们赶紧把她老人家接过来到医院好好看看吧。"

这正是妻子要等丈夫说的话。孝顺老人是晚辈的职责所在，但是，现实生活中，为此意见相悖的家庭大有人在。在这里，妻子并没有一开始便说姨妈的身体问题，而是通过红枣饭引申开来，寥寥数语，便从情感上俘获了善良的丈夫。如若开口便说此事，丈夫未必不会答应接姨妈过来看病，但是这样的话便少了很多加深姨妈、妻子和丈夫之间感情的机会。

女人的口才是不容小觑的。当你的嘴巴会转弯时，家庭生活中便也少了很多无谓的争吵，夫妻之间的感情亦会更亲密。

丈夫在拖地，妻子总是在一边不停地指指点点："这里没拖干净，那边还有一根头发……"丈夫生气地说："我都看得见，知道怎么拖！"妻子听到后并没有生气，而是说："亲爱的，你自然是知道怎么拖地的，我只是想让你感受一下我做饭时的那种感觉。"此时的丈夫幡然醒悟，原来自己总是在妻子做饭的时候吆喝不停，好像自己就是个大厨师一样。

这种嘴巴转弯的谈话方法，不但解决了夫妻之间在生活细节上存在的摩擦，而且更进一步加深了彼此之间的感情，可谓一举两得。

不仅如此，在人际交往或商业谈判中，转弯的嘴巴也同样会让很多不好沟通的尴尬事情变得简单很多，也更有人情味儿。甚至可以说，当直接的沟通方式有可能造成难以预料的后果的时候，转弯式的沟通往往可以化险为夷，起到意想不到的神奇效果。

经济危机时期，曼莎小姐历经千辛万苦终于在一家高级珠宝店找到了一份当售货员的工作。快要到圣诞节的一天，一位穿着整齐、很有涵养的30岁左右的男顾客走进了店里。但是，看得出来，他也是当时千千万万失业者中不幸的一员。

此时店里只有曼莎一个人。看到他进来后，曼莎忙迎上去和他打了个招呼。但是男子似乎并不是真心想买东西。恰巧这时，柜台的电话响了，曼莎只好先去接电话，却不料一不小心碰翻了摆在柜台上的盘子。哗啦啦一下子，盘中6枚金戒指全部散落在了地上。曼莎忙俯身去捡，但是却只找到5枚。这时候，她突然看到那名男子正推开门要离开，曼莎见机遂对他说："等一下，先生。"男子转过身来看着曼莎，曼莎从他的眼神中已经明白了戒指的去向。此时曼莎的心狂跳不止，万一他是个身带凶器的行窃者怎么办？

"什么事？"男子有些慌张地回答道。

曼莎终于鼓足勇气对他说："先生，您知道，现在要想找份养家糊口的工作是多么不容易，而且今天是我第一天上班，您能不能……"男子的眼神顿时显得很不自然起来，但是最终他还是面带微笑地对曼莎说："是的，大家都很不容易，你今后一定会干得很好的。"

男子边说话边向曼莎走了过来，并伸出手对她说："我可以祝福你吗？"

曼莎忙伸出了自己的右手，两人的手紧紧地握在了一起。随后，男子离开了店，而曼莎也回头将手中的第6枚戒指放回了原处。

聪明善良的曼莎最终用自己的理解和宽容打动了男子的心，她不仅找回了丢失的戒指，更有可能挽救了一个人的灵魂。

说话犹如行路，遭遇河流时，并非总是要趟过去，搭个桥也不失为一种继续行进的方法。所以，聪明的女人嘴巴一转弯，言语必定含蓄而委婉，暗示浅显而不直接，沟通顺畅而不突兀。正所谓："意越冷，越投机；语越宽，越省听。由其意令无非苦心，宽语悉是苦心也。"懂得了转弯的说话艺术，女人便有了更多安身立命的资本。

会说话的女人，气场才强大

说话是人类与生俱来的一种本领，与人流畅地交流也是随着年岁的增长而自然而然就能学会的事情。但是会说话就不是如此了。学富五车者也常常会口齿木讷；通天晓地者也往往不善言辞。语言能力的不济让很多人美好的梦想都成了纸上谈兵的空想，让绝无仅有的机会变为一去不返的浮云。

有统计表明，相较于男人来说，女人一生所说的话要多很多。所以，学会说话、提升语言的魅力是一个女人增强气场的重要途径。的确，对于女人而言，摈弃“天生口拙”的蹩脚理由、加强语言魅力的自我修养是必须掌握的一项基本技能。

语言本身的魅力赋予女性的不仅仅是能说会道的张扬，更是一种超凡脱俗的自信，一份舍我其谁的自尊，一袭无与伦比的气质。会说话的女人，自然而然地拥有自己独特的气场，其达观开朗或宽容忍让或大气万方的表现方式，会让听者有开阔心胸或醍醐灌顶之感，能够在言谈举止中领略到人生意境，参悟生命真谛。

女人说话时所持有的气场可以掌控周遭的氛围，扭转尴尬的场面，达到化干戈为玉帛的神奇效果。

玫琳凯·艾施于 1963 年创办了全球最大的护肤品和彩妆品直销企业之一的玫琳凯品牌公司。她之所以能够取得如此辉煌的成就，与她的极会说话是分不开的。

据说，在她创业初期的某一天，她和她的朋友一起去逛街。在一家服装店里，无意中她听到了一个金发女孩和一个黑发女孩的对话。

当金发女孩正在试穿一件衣服的时候，那个黑发女孩由衷地称赞道：“这件衣服真的很漂亮，可惜的是扣子比较煞风景，没有那件的好。”

金发女孩听后自然就不高兴了：“但是为什么我那么讨厌你说的那件衣服，尤其是那扣子呢？”

黑发女孩本无心贬低，但是如此一来，两人各自心中便都有些生气，一时间谁也不想搭理谁了。

把这一切都看在眼里的玫琳凯见两人间的气氛比较尴尬，便满面春风地走到金发女孩的身边对她说：“你穿刚才那件衣服很漂亮，把你高贵的气质衬托得恰到好处，如果能够配上一条项链，那就愈发地完美了。”

金发女孩听到这话立马高兴了起来，刚才的不高兴一扫而光，便很痛快地买下那件衣服。

随后，玫琳凯又拿起黑发女孩说的那件衣服走到她的身旁对她说：“这件衣服也特别适合你，愈发能够显现出你优美的身材，你的眼光很不错呢。”

黑发女孩听到玫琳凯这么一说，所有的不快也都完全消失不见了，并且笑着说：“其实我一看到这件衣服就喜欢上了，但是不知道它到底适不适合我，你这么一说我就放心了。”

玫琳凯接着说道："是啊，尤其是这衣服的扣子设计很独特，非常契合你的整体气质。"

玫琳凯的这种高水平的说话技巧使得其拥有一种无可比拟的掌控大局的气场，正是在她的这种化骨绵掌式的气场下，一对好伙伴不仅和好如初，还都买到了各自称心的衣服。更重要的是，玫琳凯因此为自己的公司聚集了更多的人气，影响力扶摇直上，最终一步步成长壮大，成为全球知名的化妆品公司。

用你自身的语言能力去影响别人，展现自己的魅力，就需要努力地提升自己的内在修养，久而久之，你就会形成自己独特的语言风格，并最终成为一个人见人爱的魅力女人。

气场强大的女人到哪里都是主角，无形中她们就把握住了话语的控制权，将自己对场面的掌控能力和影响力不知不觉地埋进每个人的心里。

女性的言行举止所赋予她的魅力并不是服饰妆容可以替代得了的。优美高雅的谈吐更是一个女人所不可或缺的品质，是一个人智慧和修养的外在表现。所以，会说话的女人所展现出来的人格魅力足以征服所有与其接触的人。总归而言，女人会说话，气场才强大。

Part 2

1234，开口之前请想好

我们常常为言辞动人、气场强大的女性所折服，惊异于她们的渊博，叹服于她们的严谨。其实，在光彩夺目的背后是她们丰富的积累，充分的准备，不断的练习。为了保持自己的完美形象，即使是被人津津乐道的演讲名媛仍会在开口之前理头绪，打腹稿。因此，我们这些膜拜者更有精心准备的必要。

“到时再说”，往往无话可说

俗话说，凡事“不打无准备之仗”。作为一门几乎人人皆可修炼的艺术，说话也有着其独特的原则。几句话一出口，或许听者就已经划定你在几斤几两的位置上了。因此，意欲提高自己的形象，对言谈的充分准备必不可少。

所谓的准备可以划分为两个大的方面。在应对某个已知要发生的谈话、演讲、辩论等的时候，全方位了解对方的背景、经历、性格、喜好，并在此基础上在心中预设所有可能会出现的问题且解答之，以应对各种可能出现的变化，做到有的放矢。

如果没有准备就站在听众面前，结果往往会很糟糕，甚至使你很难堪。有位著名演说家就说过，未经准备即出现在听众面前，与未穿衣服是一样的。

我亲眼目睹过一位女士的窘境。在一次年终嘉奖会上，主讲人是位声名显赫的公司副总，大家在演讲开始前，都拭目以待地要听她叙说各部门的工作情况。然而，没过多久，大家很快发现，这位女士事前未做准备。本来，她神采奕奕想随意即兴一番，结果弄巧成拙。于是她便从口袋里掏出一叠笔记来。这些笔记显然杂乱无章，像一货车的碎铁片。她不知所措地在这些东西上搜索了好大一会儿，说起话来愈发显得尴尬笨拙。随着时间一点一滴流逝掉，她说话变得越来越没条理，可是她还继续在挣扎。刚开始时，她还想把笔记理出一点头绪来，同时用颤抖的手把一杯水端起来，凑到焦干的唇边。那场面真是惨不忍睹。最终，她讪讪地坐了下来。这是我所见到的最失败的演讲之一。她发表演讲的方式，正像卢梭所说的情书的书写方式一样：始于不知所云，也止于不知所云。

不管你怎样自信，在众人面前，都不可打无准备之仗。林肯就曾经说过："我相信，我若是无话可说时，就是经验再多、年龄再老，也不能免于难为情的。"这话说得太深刻了。要进行成功的演讲，就必须有充分的准备。

未雨绸缪的充分准备会让女性在说话时更平添一种泰然自若之美，让人可以更多地关注其服饰和化妆背后所潜藏的睿智与博学，更容易为其深度而全面的言辞所感染，臣服于其应对自如的强大气场中。

婉卿是位书商，她在拜见客户时就特别注意提前做充分的准备。

有一次，婉卿向一位外科医生销售百科全书，而这个医生是她的同事们屡攻不下的一块"硬骨头"。

婉卿事先对这位医生的情况做了一番了解，她知道医生的母亲开了一家澡堂，而这位医生本人对蕨类植物很感兴趣。

当她去拜访时，刚一进门，医生就下了逐客令。但是婉卿说："我刚从您母亲那里洗得干干净净才来，应该有资格和您谈谈吧？"这句话使医生收回了逐客令，允许她介绍自己的产品。

而婉卿介绍她的百科全书时，专门带来的就是讲蕨类植物的那本，连翻开哪一页她都预先计划好了。

对客户了解得如此全面，并做好了这么周密的计划自然使婉卿赢得了订单，攻下了这块“硬骨头”。

在这里，婉卿对此次谈话的未雨绸缪使得其充分地了解到了外科医生的喜好和性格，说话有的放矢，终于赢得了他的信任。

生活中，女性朋友也同样需要具备这方面的能力。当一个人因为口误或不了解情况而闹出各种各样的笑话时，当说起对方感兴趣的问题顿时哑口无言时，当别人用企盼的目光等待着你建设性的意见而你却完全云里雾里时，再光鲜靓丽的外表、再精致无比的妆容也掩盖不了“无知”的糟糕。

所以，说话前的准备不可或缺。正所谓“磨刀不误砍柴工”，对于现代都市女性而言，快餐时代的消费观念更需要我们沉下心来，广泛地汲取知识营养，从各个可能的方面为人生路上的每一次谈话做充分的准备。因此，用知识造就自己，用文化装扮自己，时刻保持一个未雨绸缪的心态和行动标杆，必定会成就一个“腹有诗书气自华”的能言善辩者。

小菱是一名大三的学生，平时她最爱做的事情就是泡图书馆，各种类型的书都喜欢看一些，各个学科都喜欢研究一下。别看她是女孩子，连男孩爱看的政治、军事书籍她也不会放过。这些书籍极大地开阔了她的视野，也让她了解了各方面的知识，所以她一说话总是头头是道，让人信服。后来，她代表全校去参加了市里举行的辩论大赛，拿了一等奖。肚子里有“货”，说出来的话才有说服力。

如果你有一桶水，那么给别人一杯是一件再简单不过的事情，而如果你的桶里没水，又怎么能给别人呢？说话也是一样，首先你要有知识，有内涵，如此才有可能说出精彩绝伦的话。说话虽然需要一定的技巧，但也与一个人掌握知识的多少有着密切的关系，知识面不够宽广，就算口才学得再好，技巧掌握得再多，也是无法说服别人的。

众所周知，一个人所有的知识积淀都是与平日里的阅读和汲取是分不开的。当你在说话的时候需要某一方面的知识时，先前你脑海里储存的这方面的知识自然就会浮现出来。而此时你的表现在外人看来就犹如神助了。

从某种角度上来说，人际交往就是一场场的舌锋之战。作为现代都市的女性，要想在这永不停息的战斗中取得一场又一场的胜利，就必须要时刻给自己充电，为每一场战役都做好充分的准备。唯其如此，我们才能知己知彼，百战不殆。

提前准备，想好再说

有些口若悬河者，说话往往不假思索。如此，当你慷慨激昂时，说不定哪句话就在不知不觉中激起了周围人的不快和愤怒。因此，任何人在说话之前，都不妨先静下心来好好地想一想，这些话，是不是应该这样说？有没有必要说？

俗语云“三思而后行”。提前准备不仅仅是对自己言语负责，更是提升自己自信心的不二法宝，而开口之前的思考再思考、审查再审查也是一种自我复查的良好素养。女性朋友要想临危不乱、从容不迫，更是要在张嘴之前做到未雨绸缪，如此方能有备无患，时时刻刻侃侃而谈，呈现斗志昂扬的气场。

曾经有人问一位著名的脱口秀女主持人，为什么在如此多男性脱口秀主持人主宰天下的时候，她却能表现得如此耀眼。她直言不讳地说，她永不慌乱的秘诀便是在每次面对嘉宾前都提前做好充分的准备工作。这是对他人的一种尊重，更是让自己能够融入其中的诀窍。

的确，只有做好了准备，肚子里才会有东西，如此方能在需要用的时候“倾倒”出来。即便你遇到的问题是你脑海中尚未存储的，你也可能根据你的储备发散思维，举一反三，做到随时随地随机应变。这也就是说，你的准备决定了你之所想，你的三思左右了你的开口。如此方能做到流利而顺畅，让人心悦诚服。

作为服装厂的一名推销员，王玲负责的是大商场的推销工作。在如今商业竞争如此激烈的情况下，区区一个推销员要想见到商场的经理是很难的。即便有幸见到，人家也都会以“对不起，我们暂时不需要”为托辞将你“请”出去。王玲深知此类推销的艰难，因此，在深思熟虑了很久之后，她终于制定了一个不同于他人的策略。

这天她照旧去拜访一家商场，很荣幸，她见到了商场的经理。因为之前已经做好了准备，这次王玲没有一开始就贸然开口直接谈服装销售的问题，而是首先默默地递给了这位经理一张便笺，上面写着：“请问您是否可以借我10分钟就一个经营问题提一点我的个人建议？”

在商场工作了很多年的这位经理还没见过有人这样向他提问，这自然引起了他的好奇心，并热情地接待了她。对于商场来说，顾客就是上帝，他们的意见自然是不容忽视的。所以，当王玲被请进经理办公室后，她便就目前该商场所销售的衣服的款式和质量提出了自己的想法，并指出了很多需要改进的地方。经理听了之后一个劲地点头。随后，王玲拿出自己销售的服装给经理看，并逐一指出其中款式和设计上的亮点。经理最后很愉快地对王玲说：“你把你的样衣留下来，我跟其他的领导再沟通一下，我们会尽快给你一个答复的。”

没过几天，商场经理就直接打电话给王玲，说商场已经决定订购她们厂的服装了。

王玲为了此次推销，做了充分的准备工作。首先，她调查了商场衣服的大概款式、风格和质量，其次，据此她整理好了想要说的话。最重要的是，她反其道而行之，先以一个顾客的身份作为切入点，寻求与经理之间的正面接触和对话，并最终将其引导到自己的最终目标上来。如果也采用那些司空见惯的推销模式，开口就推销自己的服装，基本没什么效果。

正是王玲提前充分准备以及策略的正确，才使得她能够在面对经理的时候侃侃而谈，娓娓道来，最终赢下了这一个不可多得的销售渠道。

一个口吐莲花的女人，方能屹立在这竞争激烈的都市中而不没落。这不是一种与生俱来的天赋，而是一种“台上十分钟，台下十年功”的勤勉的磨炼和深厚的积淀。唯有流自心间的谈话才能流畅动人，捕获听众的心。而所有的精彩，都无一例外需要聚光灯外的精心布置和铺垫。

然而，那些未经准备和不经过大脑过滤的废话想来只会浪费大家的时间，并使得听者平添一份对倾诉者的厌烦。刘墉在《三个筛子》里所写的故事很能说明这个问题。

一个人急急忙忙地跑到一位哲人那儿，说：“我有个消息要告诉你……”

“等一等，”哲人打断了他的话，“你要告诉我的消息，用三个筛子筛过了吗？”

“三个筛子？哪三个筛子？”那人不解地问。

“第一是真实。你要告诉我的消息，是真的吗？”

“不知道，我是从街上听来的……”

“现在你要用第二个筛子去审查。你要告诉我的消息不是真实的，至少也应该是善意的。”

那人踌躇地说：“不，刚好相反……”

哲人又打断了他的话：“那么我们再用第三个筛子。我再问你，使你如此激动的消息是重要的吗？”

“并不重要。”那个人不好意思地回答。

哲人说：“既然你要告诉我的消息，既不真实，也非善意，更不是重要的，那么就别说了吧！如此，那个消息便不会困扰你我了。”

故事很简短，但的确很能令人三思。要想做一个会说话的聪明女人，我们是否在开口之前对自己要说的话筛了又筛？是否想好了这些话该不该说？现代都市女性要增强自己的辨识度，就要增加自己的文化沉淀，并不断地在人生演说的道路上去伪存真，三思而后行，唯其如此，方能攀登到成功的巅峰。

脑中做整理，说话有条理

说话是一种艺术，更是一种智慧。说话有条理，就是智慧。而说话的条理在于思维的条理，在于对事物的理解，孰重孰轻，孰大孰小。懂得这门艺术的女人在与人交谈时，无论面对什么样的人，也不管彼此间的交流多么和谐舒畅，她们都会在说话之前，先在脑中做好整理，因为有准备才会灵活圆通。

聪明的女人会在交谈中选择自己的说话内容，而不是毫无顾忌、口无遮拦地想到什么就说什么。因为她们知道，语言是把双刃剑，可以为我们带来好运，但有时也会露出狰狞的面孔，如若说话时口不择言、随口就说，将会在无意中带给他人伤害、闹出笑话或者造成种种尴尬，最后将影响自己的人际关系，给自己带来一些不必要的麻烦。

曾经有一位著名的活动家说："我无论与任何人谈判一件事，在此时此地此事上，应该怎样说，以及对方大概会怎样回答我，我又应当怎样回答对方，等等，许许多多问题，在没有考虑妥当以前，我是情愿在他门外徘徊几小时，甚至回家思索几天，等到有把握以后，才与对方会晤谈判的。"

条理要建立在开口说话之前，而在现实生活中，很多时候我们不是不会说，而是还未学会思考。在讲述一个事件、介绍一个人之前，不如先认真想想事情发生的时间、地点和经过，回忆人物的外貌及性格特征，此外还要注意分寸，认清自己的身份，并且适当考虑措辞。唯有具有条理化的思维，才能让自己的语言更加条理化。

一位中国经济学家面对西方的“中国威胁论”这样说：

当年，西方那些不怀好意的预言家用“中国威胁论”来威胁中国，发出“谁来养活中国”的叫嚣；20年后，咱们勤劳智慧的中国人创造出奇迹，咱们生产的粮食不仅养活了13亿中国人，而且大量出口支援亚非拉缺粮国家，中国已经成为世界第三大粮食出口国！现在不是“谁来养活中国”的问题，而是“中国去养活谁”的事实！

这段话有理有据，层层递进，非常具有说服力。如果留心观察的话，我们会发现新闻发言人们总会说“我们的原则是，1、……2、……3、……”，清晰、概括、全面。日常交流，不管你是说话者还是听话者，都应注意说话的逻辑性和条理性。

说话者要有条理性。说话者在说话前，心中要有一个大纲，即我这次说话要达到几个目的。然后在说话之中，顺序一一落实。对没有达到目的的，要继续沟通，直到达到为止，这是说话的原则，不可不坚持。逻辑性就是要说出为什么，给对方演绎一个逻辑推理的过程。例如，“小明，我们说过我们谁过生日对方都要为过生日的人买礼物，现在我过生日了，你得给我买礼物。”这就是一个推理过程，概念：过生日的人——判断：我今天过生日，算是过生日的人——概念：过生日的人有被给予礼物的性质——判断（结论）：我应被给予礼物，整个连起来的过程就是推理。这样说话有理有据，接收者对起因、过程、结果都清晰明了。

答话者也要有条理性。首先有一个大背景，即你说话的立场，这个立场是要绝对坚定的，谈话中绝对不动摇。在提炼出提问者提问的真正意图后，再进行判断，提问者表达的意思是否与自己所持的立场有不同。不同，则要表明自己的立场，进行逻辑推理，向对方说出道理。

想要使自己说起话来有条不紊，想让自己能快速组织出语言，一定的技巧固然不可少，但是本质上还是看你的知识储备。巧妇难为无米之炊，腹中空洞，自然没什么可组织的了！

因此，在生活中，女士们可以养成阅读和写日记的习惯。这将有助于帮助我们强化思维组织能力和训练人的感悟和观察能力；此外，要学会倾听，并在听对方说话的过程中自觉地训练自己找出关键词及中心思想；在掌握了以上两点后，你的用词和观察领悟力会提高很多，这时就该进行实际的沟通和谈话，以锻炼自己的临场发挥及应变能力。

总而言之，为了说话内容中心明确、有条有理，就该在说话前理清思路和线索。紧紧抓住中心，去除旁枝末节，切勿求全求多；材料的先后顺序也要妥当安排，力求层次清晰、眉目分明，而作为一个说话有条理的女性，也会显得更加智慧、通达、能说会道，绽放出迷人的魅力。

最好的表达状态是放松

在这个城市化进展飞快的当今社会，女性朋友们时常感到自己像处于繁华都市中的“孤岛”一般，渴求真诚的交流，但同时又缺乏信心，甚至在与人交流的过程中感到莫名的紧张与不安，那么我们又该如何消除这种紧张，做一个谈吐自如的现代女性？

美国现代成人教育之父卡耐基发现，世界上根本就不存在生来就胆怯、害羞、脸红的人。每个人在各自成长的过程中，都有可能由于某种经历而诱发一些异常的心理现象。卡耐基还说：“世界上没有一点都不胆怯、害羞和脸红的人，包括我自己，人人都有，只是程度不同、持续的时间长短而已。”此外，心理学家也认为，胆怯、害羞和脸红的人往往对于人际关系格外敏感，他们太介意他人的眼光，不敢当众表达内心感受，从而在与人交流时无法呈现一个放松的状态。不仅自己活得很累，也对他人造成困扰。

与人交流时无法放松的人，大多是不知道怎样抓住谈话时机的人。他们常常在内心储存着丰富的话题，却不知从何谈起，而在这种紧张的状态下，他们生怕自己的恭维过于露骨，话题无法引起对方的兴趣，或者自己的话说得不

合时宜，最后只好选择沉默寡言。如此循环反复，于是说话无法放松这个毛病便一直无法解决。

小叶生性内向，与人交谈时总是沉默不语。即使对方主动与她攀谈，她也总是很紧张，而越紧张就越无法将自己想要说的事表达清楚，就像是舌头打了结似的。而对此，小叶也是苦恼不已，于是常常向好朋友抱怨。

小叶的好朋友，有着与小叶截然相反的性格，她开朗大方，能说会道。一天，小叶又在滔滔不绝地向她抱怨。小叶的好友静静地听完之后告诉小叶说："你的嘴不笨啊！刚才不是说得挺好的吗？"小叶不解，朋友接着说："小叶，其实你并不是不会说，而是太紧张不敢说而已。"

听了朋友的分析小叶恍然大悟。确实，很多时候，自己明明有话要说，可是每每话至嘴边，便感到莫名紧张，总担心会说错或者言不由衷，而正是这些担心使她无法以一种放松的状态与人交流。

随后，小叶的好友鼓励她，在与人交流时无须顾虑太多，要放松自己的心情，想说什么就说出来，学会勇敢地表达自己，他人才会接受。小叶想了想，觉得有些道理，并且决定采纳朋友的建议。刚开始时，她依然紧张，但是慢慢地她却发现，与人说话交流并不像自己想象的那样艰难，也没有人取笑她，事实上，她身边的朋友越来越多了。

在现实生活中，也有许多像小叶一样的女性朋友，她们往往拥有着丰富而有趣的思想，却总是焦虑紧张，无法完整表达自己想要表达的。而主要原因就在于她们缺乏自信，过多地考虑了许多不必考虑的事情。如威廉·詹姆斯所说，如此多的人发现自己难以成为出色的交谈者，原因在于他们担心自己所谈的事或者流于无味的肤浅，或者言不由衷，要不就害怕他所讲的东西对交谈的对方毫无价值，或者方式方法不适合于某种场合。事实上，他们的这种担忧完全是杞人忧天，不仅在否定自己，同时也是在给自己设限。针对这种情况，威廉·詹姆斯告诉我们："无论何时，只要人们消除心理的障碍，并且让自己的舌头自如地活动，交谈就一定会顺畅而友好，并且令人振奋起来。"

试想，作为一个女性，无论她多么优雅和充满魅力，如果她害怕开口，或者说话时由于紧张无法正确展现自己，那么别人该如何了解她呢？

在与他人交流时容易紧张的人，常常表现为说话时呼吸紊乱，氧气的吸入量减少，头脑一时陷于痴呆状态，从而不能按照自己原本的思路顺利表达出来。那么在说话时，女性朋友该如何做到放松？由于说话时发生不正常情况通常都是这样的顺序：怯场——呼吸紊乱——头脑反应迟钝——说一些支离破碎不知所云的话。因此我们应该先学会调整自己的呼吸，这将帮助我们把这些不正常的情况恢复正常。

因此，当你感到紧张时，不妨慢慢地使全身处于松弛状态，静静地、缓慢地进行深呼吸，并在吐气时稍微加点力量，渐渐地，你会发现心会变得踏实起来。此外，不妨在说话时保持微笑，微笑可以有效地舒缓全身的紧张状态，并能调整我们的呼吸，使头脑的反应更加灵活，话语集中，等等。

总而言之，如果女人能做到思想放松、没有顾虑，那么谈话就会变得轻松起来，气氛也会显得更加活跃。要知道，能在谈话中接二连三地说出富有智慧的、精彩的名言佳句的人，是为数不多的。约翰·莫菲指出："我们不要硬是通过深思熟虑从头脑中挤榨出一些警句和名言。当我们放松下来，不用恐惧的时候，这些名言妙句就会自然而然地产生出来……"也就是说，说话与做事一样不能急于求成，与其急于想把话说得精彩一点、动人一点，倒不如把心放

宽，以一种轻松自然的状态，按照自己的实际水平去说，反而能妙语连珠。要知道，甚至在那些最刺激的谈话中，其内容也往往是陈旧或者毫无内容的。因此，唯有如上所述，解除了心中的紧张，不要急切地想进入话题，这样才能生动、自然地表达出自己内心独特的感受。

每天都做说话练习题

沟通是人与人之间交流思想、增进了解、培养感情的重要方式。而语言又直接决定了人与人交流的和谐与否、沟通的顺利与否以及双方能否促进了解、加深认识。因此，拥有卓越的口才以及掌握说话方式的良好技巧，不仅是个人能力的体现，更是能增加自身个性魅力的砝码。

然而无论在什么时候，在什么场合，一个会说话的女人总是最受周围人欢迎的。与他人交谈，不但会有思想上的碰撞，又有感情上的交流和沟通；说话语言上的不得体、贫乏以及枯燥无味、粗俗浅薄等，都会让听者感到无比厌恶。如果女人的谈吐既能善解人意，又富有知识和趣味，并且能够用丰富而自然的表情和优美的声音来表达，那将会收到意想不到的效果。不论是在家庭生活还是职场工作中，会说话的女人总会拥有令人钦羡的机遇与幸福。

如何才能拥有良好的口才、优雅的谈吐呢？答案很简单，就是每天进行持之以恒的练习。

有很多女性朋友可能要问："学说话还要每天练习呀？又不是三岁小孩，至于下这么大功夫吗？"或者还有的会这样说道："练个口才还这么难呀！看来我是没那个资质，干脆不白费劲了！”如果姐妹们有这种想法的话，你可就大错特错了！我们说这些训练口才的必备素质并不需要每个人与生俱来，即使没有天赋也没有关系，这些说话的能力是可以靠后天的勤学苦练得来的。

古代思想家荀子在《劝学》中写道："不积跬步，无以至千里；不积小流，无以成江海。骐骥一跃，不能十步；驽马十驾，功在不舍。锲而舍之，朽木不折；锲而不舍，金石可镂。"只要工夫深，铁杵也能磨成针，只要有耐心，水滴也能穿石，更何况是培养说话能力呢？只要每天坚持不懈，一定能收到意想不到的效果。

英国历史上第一位女首相玛格丽特·撒切尔夫人出生在一个平民家庭，尽管她曾叱咤全球政坛，被誉为欧洲政坛上的“铁娘子”，拥有绝佳的演讲和辩论能力，但是她绝非演讲天才，她良好的口才源于后天的教育和训练。

她的父亲罗伯茨先生经常教导她要充满自信，大胆表达自己的观点。父亲不断地在各种场合培养玛格丽特的自信，并且抓住一切可能的机会训练玛格丽特的演说能力。经过这样不断的激励，玛格丽特对自己的口才充满了自信。上中学的时候，玛格丽特加入了学校的辩论俱乐部，演讲从不怯场。最后她能成为欧洲政坛上的风云人物，与她早期持续的口才训练是分不开的。

中国有一句至理名言："书山有路勤为径，学海无涯苦作舟"。西方也有一句格言为："诗人是先天的，演说家是后天的。"的确，要想拥有一副悬河之口，非要下一番苦工夫不可。

古希腊有一位著名的演讲家德摩斯梯尼，他在年轻时说话发音不清、底气不足，气短无力，常常耸肩，没有气质，因此他的演讲非常不成功，以致总是被观众轰下讲台。但德摩斯梯尼没有因这些失败、嘲笑、他人的否定而对自己失去信心。他一方面博览群书、积累知识，另一方面刻苦练习、坚持训练。为了练嗓音，他常常会去找一些碎石子放在嘴里朗诵诗歌，迎着呼啸的大风大声讲话；为了改掉气短的毛病，他坚持一边登山，一边吟诗；为了改掉说话爱耸肩的毛病，他在每次练习说话时都在自己的双肩上方挂两柄剑，以此来迫使自己改掉耸肩的不良习惯。为了培养自己的气质，他专门在家中安装了一面大镜子，自己对着镜子练演讲，看着自己的站姿和动作，时刻注意自己的形象，以此克服自己在演讲中的诸多毛病。

就这样，日复一日，年复一年，经过连续不断的练习，德摩斯梯尼终于成为了举世闻名的大演讲家。

“宝剑锋自磨砺出，梅花香自苦寒来。”从德摩斯梯尼的例子中我们不难看出，即便天生没有口若悬河的说话功底，仍然可以通过每天的说话练习增强自己的谈吐能力，培养自己的口才。

姐妹们，我想你们即便再缺乏天生的资质，也肯定没有德摩斯梯尼那样多的苦恼，他都可以从一个说不清楚话的被人嘲笑戏弄的演讲者变为著名的演讲家，那么你们只要持之以恒地勤奋学习，坚持每天刻苦练习，每天都做说话练习，那么你们就一定会成功。拥有雄辩家那样滔滔不绝、口若悬河的口才不会再是梦想。

存储话题的抽屉越多越好

现实生活中，很多口才不好的人往往会抱怨自己没有生就一副天生会说话的嘴，以致和别人尤其是陌生人在一起时总是无话可说。其实，抱有这种想法的人常常是不得说话的真正要义。好的口才并不是天生的，无一不是通过后天的修炼而得来的。

对于女人而言，亦同样如此。灵活自如、能够有效掌控大局的主持人不仅拥有靓丽的外表，更是有着机警的言辞、伶俐口齿的善辩口才。面对各种新奇的场景或突发的状况，她们总是能够沉着应对，以广博的知识和丰盈的内涵震慑全场，令人折服。

对于其他女性而言，我们也一样可以攀升到如此的高度。每个女人都是自己人生舞台的主持人和掌控者，要想让这舞台精彩纷呈，不至于冷场，我们需要的是更多话题的不断呈现。但是，这种无法一蹴而就的累积和释放基本完全取决于平日里的静修慢养和博闻强识，唯其如此，存储起来的话题才会越来越多，而无论遇到何种状况，都能应对自如。

我遇到过一个推销保险的高级销售经理，30 多岁的女士，能在初次见面时就给你推荐香港来的中医名家，跟你讲她在买房子和装修房子时遇到的趣事，和她认识 1 小时后，你甚至已经知道她老公当初是怎么追她的以及她在结婚前谈过多少个男朋友，当然她在爆料之后会加上一句“这是我们私下讲讲”。这是我偶遇的唯一没让我反感的保险销售员，因为她自始至终没有向我提过他们公司有关保险产品的任何事。但如果我想了解保险产品，我宁可找她咨询，因为她引起了我的好感，并让我毫无戒心。成功解除一个陌生人的戒心，在每个人的防范意识都很强的中国，已经是高超的本领。除了面善之外，她的技巧就在于善于说话。

女人说话的水平和修养是其内在涵养的外在表现，也就是说，女人的内在思想很大一部分是靠外在的语言来体现的。话题的存储是个厚积薄发的过程。但是，一旦你每天都能多存一点，你的说话水平也必定会有大幅度的提高，当实现质的突破的时候，也就是你光芒四射的时候。

作为一名大二的学生，朱君平时喜爱看各种书籍。天文、地理、历史、政治、玄幻、武侠、生物，甚至是佛经和周易也都在她的搜罗范围内。日积月累，她的知识面得到了极大的拓展，视野前所未有地开阔。不要说女同学，就连很多男生也都为她无所不知的全面所折服。

但是，在这些男生中，独独有一个对她很不服气，认为她所涉猎的都是些泛泛的知识，没有什么值得炫耀的，关键还是要能说才行。终于，有一次在辩论会上，两人相对而坐。针对这位同学的发言和辩论，朱君侃侃而谈，从各个角度逐一进行了驳斥，以致到后来，这位同学不得不陷入了狡辩的囹圄，自此高下立见。

诚然，口才的好坏与说话的技巧也有一定的关系，但是更直接取决于你所掌握知识的多少。而你所掌握的知识面的大小便是你脑海中话题的来源。知识面越广话题就越多，说出来的话不仅有营养，也更有让人信服的理由。试想，如若诸葛亮当年在隆中就是吃喝拉撒睡，又怎么能够舌战群儒，引刘备三顾茅庐，并最终名扬天下？归根结底还是他博览群书，涉猎广泛。

存储话题的抽屉越多，说起话来才能接上各种人的节拍，不至于无话可说。而且，话题多了，也会让自己的思路更加开阔。就现代女性而言，能够做到这一点，更会让大家刮目相看。女人思维上的细腻和缜密如果有宽广知识面的辅佐，必将在各种场合中大放异彩。头头是道的女人可以说服他人；饱含激情的女人能够打动他人；机智幽默的女人亦会感染他人。相对于那些不学无术的油腔滑调，女人的话题抽屉越多，便越有一种务实而不浮夸的风情，一份丰盈而不做作的曼姿，引人入胜，欲罢不能。

然而，话题的存储不是一朝一夕的事。常言道："十年的时间就能培养一个百万富翁，百年的时间才能培养出一个贵族。"要想在脑海中存储更多的话题，就必须坚持修炼和不懈的努力，如此，说起话来才能让人清新悦然、如饮甘泉，以至顶礼膜拜。

广泛汲取营养，说话才有内容

古人常常说："读书破万卷，下笔如有神。"意思是说，只有经过了浩瀚的阅读，写作起来才能如沐春风、妙语连珠、一气呵成。写作如是，说话也同样不离其宗。阅读的东西多了，吸收的自然也就更为广泛，如此说起话来也更能够见水平，更有说服力，从而也更打动人心。

女人的内涵修养，直接可以从她的举手投足、言谈举止间窥见一二。尤其是女人的谈吐直接决定了其给人第一印象的好坏。拥有优雅谈吐的女人往往是给人以厚实感，具有无与伦比的独特魅力。也正因为此，修养深厚的女人走到哪里都会受到人们的欢迎。

所以，女人们要想拥有卓越的口才，让谈话时的内容不至于空泛乏味，就必须提升自己的学识修养，天文、地理、历史、经济等都要广泛涉猎。武装了大脑，语言才有魅力，才能倾倒众人。

相反，即使你是个无比聪明的女人，很会读懂别人的心思，但是一旦需要你说话或给出建议的时候，你却不知道从何说起，那么，久而久之，别人也会觉得你是个很难沟通和交流的人，如此一来，也自然就难以受到人们真正的欢迎了。

作为一个大龄剩女，张燕的个人问题一直是家人和闺蜜所焦虑的重点。为了解决这个问题，在一个周末，闺蜜又带了张燕和另一个素不相识的小伙子一块去郊区爬山。

当爬到一半的时候，闺蜜和自己的男朋友很识趣地自动找借口离开了队伍，先行一步了。一路上，张燕和小伙子两个人慢慢地往上爬。二人都知晓此行的目的，于是，为了打破尴尬，小伙子首先开口与张燕攀谈了起来。

在性格上，张燕一直是比较安静的。平时除了工作上的事情能够胜任外，其他的事情都没有多大的兴趣，自然也就不会主动去涉猎其他方面的知识。小伙子说起话来头头是道，但是一旦问起张燕的喜好或者看法时，她的大脑往往会短路，不知道该说什么。其实，在她的心里，她对小伙子的感觉还是很不错的，只是不知该如何表达出来。久而久之，小伙子便觉得她对自己没兴趣，而且是个没有什么主见的人，即使以后在一起谈恋爱，可能也是很闷的。所以，毋庸置疑，闺蜜的这次精心策划又泡汤了。

不知道该说什么已经成为了阻碍女性口头表达的最大障碍。也许其中有心理因素，但是归根结底还是谈话内容的接不上茬。你也许对某件事情了解得很清楚，但在谈话的过程中，你不可能对所有的事情都自由掌控。如果能够自由掌控所有谈话，那么就能够考量出一个人知识的广博度。

所以，脑海中缺乏素材是导致这类谈话无法继续和深入的罪魁祸首。脑海中没有素材，再聪明伶俐的女人也无法让谈话的内容充满营养，犹如“巧妇难为无米之炊”。即便你能够口吐莲花，恐怕也只能泛泛而谈，说不出什么真知灼见。

那么，女人要想使得自己的谈话内容能够更具魅力，足够地吸引人，应该吸收哪些方面的知识，积累哪些方面的素材呢？以下几个方面是必不可少的。

1. 专业知识功底要深厚

正所谓“不积跬步，无以至千里；不积小流，无以成江海”。专业知识的获得，一是靠学习，二是靠实践。如今的信息社会，知识更新的速度迅猛无比，唯有时刻关注本领域的最新进展，才能及时地弥补自身知识架构上的盲点，这样既有利于工作的进一步开展，也有利于提升女人的自信心，使自己在说话时更能发挥出水平。

2. 好学上进，注重世事和文化知识的累积

才高八斗、学富五车的人给人的感觉往往是天赋使然。其实不然。博闻强识背后同样也是艰辛汗水的付出。唯有读万卷书，才能识万般理。世事知识的累积包括了社会生活中方方面面的知识，如风土、人情、地理、历史、政治、常识、习俗等。曹雪芹在《红楼梦》中就曾写道：“世事洞明皆学问，人情练达即文章。”而那些天南海北的文化知识，是人类历史发展过程中积累下来的宝贵财富，无疑能让汲取者开阔视野，从而进一步提升语言表达的感染力、说服力和吸引力，如此，睿智和渊博也就离你不远了。

另外，女人若要提升内涵，还不妨多注意吸收古典诗词中的经典诗句。作为中国文学史上的璀璨明珠，古典诗词有着非同凡响的魔力。女人若能在平日细细品味优美的诗词，必定能够透过文字感受到其中流淌的生命之美，在增加知识面的同时，更是让自己的素养再上一个台阶。

3. 紧跟时代的脉搏，不要脱节

如今的社会，处于信息大爆炸的阶段。网络新词不断涌现，让人应接不暇。

作为新时代的女性，也必须跟上时代的步伐，及时补充这些必要的知识，不至于让自己与时代脱节。

美丽需要经营，内涵同样也需要精雕细琢。醉卧在内在修炼的花海里浅吟低唱，即便有一天随着时间的流逝，容颜终究老去，女人们却拥有更加美丽的内在，更加有魅力的谈吐，如此，亦不枉此生了。

打破僵局比说话更重要

说话时出现突然的冷场在现实生活中屡见不鲜，尤其是和陌生人共处一室且对方也正好是生疏淡漠的人的时候。有时候，这种僵局往往会让人如坐针毡，左也不是，右也不是。相信大多数人都曾有过这样的经历或体会。

女人们若想突破谈话中的僵局，打破人与人之间的围墙，以拉近与对方的距离，必须能够在极短的时间内寻找到一个可以引起双方话题的切入点，让那种不知从何谈起的冷场无处可藏。而一旦僵局被打破，谈话也就成了水到渠成的事。

因此，在观察和分析谈话对象的基础上，打破突如其来的僵局甚至比说话更为重要。僵局的可怕之处在于其拥有一种莫名的吞噬良好谈话氛围和扼杀既有谈话成果的杀手锏。一旦陷入其中，便万难逃离。而一旦逃离，便又是万般荣幸。所以，僵局的打破在言谈中的地位举足轻重。甚至可以说，它决定了一次谈话或行动的成败。

有一位女记者意欲采访一位业内有名的科学家，几番周折后，她终于等到了科学家的档期。到了那位科学家的家中，简单自我介绍后，女记者发现他家的墙上挂着几张非常生动的风景画。正好这位记者平时也经常跟着摄像到处跑，对摄影略懂一二，于是，她便认为这是个很好的话题切入点。当她谈到这几幅画的构图和色彩等问题时，科学家便一改先前客套的礼待，来了兴致，拿出自己的摄影相册，跟女记者逐一讲解了起来。谈话的气氛一下子便从可能出现的冷场变得热烈起来，不言而喻，在后面的正题采访中，科学家也配合得非常到位，采访顺利而流畅，为此她们还成为了忘年交。

寻找话题是打破谈话僵局的不二法门。正所谓“交谈中要学会没话找话的本领”。平日里多做些文章，题目契合自己的兴趣，自然是文思泉涌，一发不可收拾；平常时交谈，话题吻合自己的爱好，自然也就会滔滔不绝，得来全不费工夫。

好的话题要是对方熟悉的，是大家感兴趣的，并且是能进一步展开探讨的。就好比世界最著名的销售大师廉·丹弗所说的那样：“首先要引起客户的兴趣，而不是一开始就和客户谈生意。”

曾经有一位在业内非常有名的女推销员爱丽丝，她的孜孜不倦和灵活多变的推销方式在业内广为传诵，为同行所称道。

有一天，她去向美国一家著名的投资银行的总裁韦尔林推销自己的产品。正巧在她推门而进的时候，听到韦尔林随口说起需要某个材料的事。她这次照例与韦尔林先生进行了交谈，但是因为他的时间确实非常宝贵，没说几句话，爱丽丝就被“请”出来了。

好不容易，她又一次约到了他的档期。趁着中午一点闲暇时间，她走进了韦尔林先生的办公室。

一上来，韦尔林先生就说：“不好意思，我很忙，您请坐，但我不希望我的时间被浪费。”言语之中，韦尔林先生不乏冷淡。

“我们之前早就约好了，而且能约到您也非常不容易，所以……”

爱丽丝的话还没说完，韦尔林先生就打断了她：“但是我现在没有兴趣，也没有任何多余的时间。”

对方明显是在下逐客令了。爱丽丝见谈话几乎陷入了僵局，立马换了个话题，对韦尔林先生说：“这份材料也许是您现在需要的。”

显然，韦尔林先生没有想到，他当时无意中的一句话居然让一位只见过一面的推销员帮他实现了。他从椅子上站起来接过材料，迅速翻阅了一下。当时的空气沉闷而紧张，爱丽丝显然也已经做好了再次被“请”出去的准备。

等到韦尔林先生翻阅完，爱丽丝便说:“好了，既然你没有时间。那么……”

“等等，我想知道除了给我带来了这份材料，您还给我带来了什么。”韦尔林先生的语气一下子缓和了很多。谈话的僵局也悄然被打破，气氛重新缓和了起来。

接下来的事情我们都该能猜到了。韦尔林先生听了爱丽丝的讲述后，对她的产品非常感兴趣，很快便接受了她的推销。到后来，她的产品为整个公司所采用，而她的业务量也就此突飞猛进。

世界的迅猛发展让人与人之间的交流更加频繁。作为社会中的一分子，女性朋友不仅需要有倾倒众生的口才，更要有把握大局、扭转不利谈话局面的定海神针。女性朋友所具有的对周遭事物的敏感和细腻感触会让其更能够从细微处入手，以寻求打破僵局的尚方宝剑。在几近颓败的情势下，往往一剑就能击中要害，扭转乾坤。

具体而言，女人要想在谈话中打破冷场的局面，应该从以下几个方面多加锤炼。

1. 话题的选择很重要

当很多人在一起时，要选择大家都关心的事情为切入点，尤其是当有很多的陌生人时，关乎大家兴奋点的话题自然能够快速拉近彼此的距离。一旦冷场出现，大家七嘴八舌的议论和发言也会迅速将僵局淹没在唾沫的海洋里。

2. 发挥“借题发挥”的妙用

当僵局不小心出现时，时、地、人都是你可以转换话题、打破冷场的不二材料。小到一个人的穿着、个人信息，大到电视里正在播放的敏感事件等都能成为“借题发挥”的好对象。女人与女人之间可以在衣服的质地、喜好等上面相互取经，女人与男人之间可以就国际大事、外交活动上请教咨询，凡是能够带动气氛的事情都可以进行尝试。

3. 掌握循循善诱的方法

“投石问路”是不可多得的交谈的良好互动方式。僵局的存在从一定的意义上来说就是缺乏一种可以调动双方气氛的互动。问得多了，自然也就能够找到一个共同的可以继续下去的话题。如此一来，冷场必定不会再次出现。

当然，女人要想修炼打破僵局的技能，还应该更进一步地扩大自己的知识面，永葆一颗不断学习和上进的心。于闲暇时把握良机，于细微处看清来路。任其花开花落，注定宠辱不惊。如此，僵局自然也就遁逃无形了。

Part 3

一语说到对方心理

女人说话，声音，是增加其吸引力的关键；语调，是彰显其魅力的源泉；温柔，是衬托其形象的金字招牌；情感，是其能打动人心的缘由，众美兼备，气场的强大必然势不可挡，出口即能抓牢对方的心，由不得他人不对她领首称许。

声音，吸引力的关键

现实生活中，女性朋友与他人之间交流障碍的产生并不都是说话内容和方式上的问题，也有很多是因为在自己声音的控制和把握上没有展现出足够的魅力。甚至可以说，这种细节也往往被很多人忽视。

作为语言的载体，女人的声音是否美妙有时候比谈话的内容更为重要。优美动听的声音有一种摄人心魄的力量，让人如沐春风，欲罢不能。有数据表明，在全部的感知方式中，听觉占了14%的比例。现代社会中，初次交流沟通大多是从手机、电话开始，这时候，声音是否悦耳优美就起着关键性的作用了。

社会竞争的激烈让女人变得越来越坚强，大有“巾帼不让须眉”的气势。但是，那些言辞威严、话语铿锵的女强人在男人的眼中总是少了一些女人味。第一印象中，声音决定了其中的38%，而当一个人只能听到对方的声音时，其音质、音调、语速的变化和表达能力则决定了一个人说话可信度的85%。所以有人说，声音是上天赋予女人的天然乐器，有着穿越灵魂的旋律，女人的气场便往往有一种意想不到的美。

如今的李冉早已是别人眼中的成功女性。但是，在她20多岁的时候，只身一人从北京前往成都创业。那时候的她，人生地不熟，且在当地没有一个认识的朋友，终日陪伴她的，唯有一种破釜沉舟的气概和娴熟的美发手艺。

初来乍到的李冉先是租下了一个临街的小屋子，花了 1682 元钱买了两把电吹风、几把座椅以及一些简单必要的理发工具后便开起了一个小小的发廊。按理说像她这样的门面店随处可见，大街上比比皆是，但是没过多久，她店里的生意便渐渐地红火了起来，回头客也越来越多。

除了让人称道的手艺外，李冉生意红火的重要一点便是她极富魅力的声音。她虽然长相算不上漂亮，但是却天生拥有柔美动听的音色，再加上她标准的京腔普通话，使得她在当时比较偏僻的中型城市里拥有了一张非常特别的名片。很多顾客熟识了之后，都曾赞扬过她声音优美动人。也正是当时挖掘到的第一桶金让她后来一步步迈向了更大的成功。

声音的神奇魅力在为女性提升自信的同时，也使得其更能赢得他人的喜爱。聪明的女人，会用悦耳的声音展示精彩的人性美，成就一番迷人的风景，如此，百炼钢亦可成绕指柔。

轻柔、圆润的声音就好比是一曲动听的音乐，让人沉溺其中，久久不能自拔。外貌和服饰的装点亦抵不过语言的温柔、音调的婉转和韵律的高低错落。拥有如此声音魅力的女人即使面貌平庸，亦会富有特别的女人味，魅力无限。而且，这样的魅力也会伴随着岁月的流转而日久弥增。

在台湾有一位著名的女性食疗专家，无论她到世界的哪个地方演讲，现场的气氛总是非常活跃。与大家印象中那些慷慨激昂的讲师、培训师的演讲不同，她在整个演讲过程中都使用的是低音量，而且音质温婉柔和。但正是她的这种独特优美的女性声音，吸引了众多关注健康的听众，尤其是女性听众。在很多人听来，她的声音传递给人们的关怀和温暖分外轻柔而亲切，似乎有一种融化了的绵柔藏匿其中，让聆听者有一种无法言说的默契和共鸣。久而久之，人们也都深深地记住了她，在享受着她的优美声音的同时自己也变得柔软温和起来。

声音是人的另外一张脸。那些或温婉或高亢或粗犷或尖细的声音让我们很容易默默地爱上一个人，也极易厌弃一个人。声音就是有着如此令人难以捉摸的力量，让置身其中的我们总是要思忖良久。

声音是展示于人的一种能量。温婉的声音给予人信任感；甜美的声音给予人可爱感；性感的声音亦会给予人无尽的美感。声音昭示了一个人的个性，诠释了一个人的性情。

声音更是女人裸露的灵魂。自以为是女人的声音往往骄横跋扈、轻狂任性；谨小慎微女人的声音往往期期艾艾、轻言细语；豪放洒脱女人的声音往往热情如火、肆意不羁……可以说，女人所有的自信、妩媚、内涵和修养都可以从声音中投射出来。

声音表露了女人的形象，但同时也可以塑造女人希望获得的形象。因此，声音的魅力是女人吸引人的一个重要特征。有意识地去训练你的声音，必将让你在未来的人生道路上充满自信，在爱情和事业上获得进一步的成功。

女人温柔的声音是金字招牌

世间皆言“女人是水做的”。既然是水，那便是有千般情愫、万种风情。如水般的温柔是女人与生俱来的特质，也是女人最动人的特征之一。温润绵长的女人即便柔弱无骨，也是任何阳刚男人无法抗拒的力量。因此，可以说，温柔的女人无论走到哪里，都身具独特的气场，正是这气场让她们如绵绵细雨般润物无声，却又让人回味无穷。

天性温柔的女人所具有的品性使其言谈举止间都透着一份我见犹怜的魅力，尤其是当她轻启朱唇时，必定是语气亲切、语调柔和、语言含蓄、语音轻缓。对于女人来说，温柔的声音是人际交往的利器，犹如武林秘籍中的化骨绵掌，以柔克刚，征服人于无形。

作为一名深受观众喜爱的节目主持人，靳羽西女士永远站在东西方文化的交叉点上。她的主持风格随性而不失大气，语言温婉而不失智慧。她温柔的声音早已成了行业内的金字招牌。在2001年的时候，她被新华社环球杂志社评为“环球20位最有影响的世纪女性”。在谈到她最初走上主持道路时的经历时，她曾经对公众说，那时候她为此专门请教了一个语言学家说话的技巧，语言学家告诉她："说话的时候越温柔越有魅力，也越吸引人。"自此之后，她便一直秉承着这样的理念走到了现在。

台湾籍明星林志玲的声音大家一定也不会陌生。一次在接受记者采访时，有人提问她："有人说你说话很嗲，你怎么看呢？"林志玲对此并没有不高兴，而是面带笑容地回答道："我觉得作为一个女性，说话声音温柔一点，会比较容易办事。"事实证明，正是她极尽温柔的声音俘获了万千宅男的心，让其魅力得到了前所未有的提升。也正是她独特的温柔声音让其迅速成名，红遍大江南北。

温柔的声音是语言的最佳载体。即便是说话的内容再普通，只要你的声音能够融化对方的心灵，那也无疑是一种不可多得的享受，沟通自然也就更加得心应手了。

温柔的声音就好比是一首旋律优美的音乐，让你百听不厌。在社交场合中，女性的柔和谈吐会使其更显温婉成熟，落落大方。即使遇到那些粗暴尖刻的话语，只要你能够以己之柔化彼之刚，以柔言软语力挫其强硬粗鄙，也自然能起到"四两拨千斤"的效果。

销售商品，遭遇到顾客的刁难是常有的事。在一家瓷器店中，一位顾客对营业员小凤介绍的好几套瓷器都不甚满意。不知不觉中，这位顾客就挑选了1小时多了。小凤见客人很多，便先去照应其他的客人了。岂料没过一会儿这位顾客的脸便沉了下来，并大声斥责说："你就这种服务态度吗？有没有先来后到的规矩？"说完就掏出一沓钞票扔向柜台，用命令式的语气说："动作利索点，我还有急事！"任谁听了这种话都不会好受的。但是小凤迅速地安排好其他顾客后，声音柔和地说："不好意思，店里有点忙，让您久等了，还望您能原谅。"虽然只有寥寥数语，但小凤却用自己恰到好处的温柔一下子熄灭了顾客心头的火焰，以至于顾客反而难为情地说："其实是我说话有点急了，也请您原谅。"

假如小凤当时一个不高兴，针尖对麦芒地和顾客大吵起来，势必会吓跑其他的顾客，会对店里的生意造成无法估量的后果。逞一时之勇固然能解一时之气，但是，硬碰硬从来都不是解决问题的最好选择。事实证明小凤是正确的。她温柔和气的声音一下子征服了顾客，避免了一场即将爆发的战争。

无理取闹者，自然是理亏的一方。过度刻板地处理，反倒可能适得其反，达不到皆大欢喜的结局。若以温柔的声音替代冲动的举措，以静制动，自然能于细节处打动他人，起到立竿见影的效果。

一个男顾客气冲冲地闯进女经理的办公室，将手中的酸奶往桌上一放，对她喊道："你们就是生产这样的酸奶给顾客喝的吗？信不信我现在就去法院告你们？！"经理拿过顾客放在桌上的酸奶仔细一看，发现里面居然有明显可见的玻璃碎片，不禁暗自吸了一口凉气。但是，很快她就镇静了下来，用温柔的声音关切地问："请问您是否喝了这瓶酸奶了？如果喝了，我们还是赶紧先去医院，等检查结束了再去法院吧？"顾客一听，发现事情的发展完全出乎他的意料，对方不仅没有强词夺理，反倒先关心起自己来了。这下他倒不好意思起来了，情绪也很快平静了下来。

且不论酸奶的质量问题，单就这位女经理温柔关怀的声音确实值得很多人学习借鉴。

女人温柔的声音犹如涓涓细流，在悄无声息中改变着事情原本的走向，有一种潜藏的化腐朽为神奇的力量。这种女人所独有的技能，是上天赋予她们的金字招牌。

有了层次感，说的话才性感

在现代社会中，女性所扮演的角色已趋向多元化。为了胜任各种角色的需要，女性必须从各个方面不断地提高、完善自己，而语言素养的提高则是其中最为重要的方面。然而，世界上的事情总是错综复杂的，要把它说得有条不紊，就必须考虑说话内容的层次感。有层次感，接收者才能很清晰地提炼出你所要传达的几点意思。作为女性，说话更要有关联，切入主题，富有层次感，简洁明快，不要说不着边际的话让人不知所云。先说什么，再说什么，最后说什么，要做到心中有数。

女人总希望把自己最美好的一面展现给外界，然而，永远的妆容精致、仪态万方并非如女人想的那么重要。会说话的女人，尤其是说话有层次感的女人，才会由内而外散发出强大的性感磁场。一般来说，事情总有个开始和结束的过程，而其中的各个阶段又时常有时间和空间的差异。在一些场合，如开会或者与人交谈时，我们常常会发现这样的现象：有些人唠唠叨叨讲了很长的话，听众却如堕云里雾里。可以按事情发展的先后顺序，或按空间位置的转换逐一说明，就会显得有层次感。

因此，女性朋友们要想说话具有层次感，就要注意言之有序，分清轻重缓急，此外，还要注意前后的衔接。说话是否合时宜，是否能取得最好效果，不仅取决于谈话的对象、目的、场合、内容，也取决于前后语句的关联。否则，听话人就很难理解你究竟表达了哪一种思想，容易引起理解上的歧义。因此，与人交谈时要周密思考，做到有条有理、上下协调，唯有如此，所说出的话才能有层次感。

女性如果在说话时中心明确、内容前后关联、有条不紊，能给人一种语言艺术上的美感；相反，如果谈话时毫无主旨、杂乱无章、前后不一，这样叫人无法理解之余，让人心生厌烦。

两位女生在看完一部电影之后交流观后感，小璐问："你认为这部电影如何？"小清说："我觉得这个故事不切实际，简直是胡编乱造，谁会相信这样的故事？太不真实了。哎，但是那个敌人太狡猾了，可最倒霉的还是他的家人，白白为他担忧。警察的侦查能力不行，公安局的人要都那样，还怎么为民除害。情节也太曲折了吧，我还以为女主角是杀人犯呢……"

电影虽然头绪不清，胡编乱造，但小清所说的话更是没头没尾，毫无层次感。不仅缺乏头绪，意思更是不明不白，甚至自相矛盾了。人说话和行动在本质上是相同的，都具有目的性。只有中心明确，有条不紊，才能解决说话缺乏层次感的问题。

因此，在与人交谈时，女性朋友要多注意说话有条有理，言多不繁，层次分明。例如在向厨房报菜名时，"水果沙拉三份、牛排两份、比萨一份"就可以把同类的菜品由多到少依次报出，这样可以让听者好懂易记，但显然，我们很难在日常对话中做到层次清晰。

店长："今天有几位预约的客人，打电话确认了吗？"

服务员："我正想打的时候就有电话打了进来。"

店长："是预约的客人打来的吗？一共有几位？"

服务员："不太清楚。"

店长："你不是说是客人打来电话了吗？"

服务员："不是预约的客人打来的。"

店长："那么就是还没打了？"

服务员："是的。"

店长急了："那你为什么不早说？"

这位服务员没有想清楚店长想要从他口中得到什么样的信息，就自顾自地开始说话，所说的话不仅缺乏层次感，还表意不明。想要成功地让听者理解自己的意思，就应该首先针对问者的问题或者所感兴趣的点进行解答。

因此，女士说话要有层次，就必须杜绝前言不搭后语、东拉西扯的习惯。否则，对方只会一头雾水，着急上火。在日常生活中，我们会遭遇各种人和事，而这些是很难用一句话表达清楚的，这个时候，条理清晰、逻辑明确就显得非常重要。

但是，无论是职场女性还是家庭主妇，都不要把说话当成一种负担，也不需要特意练习，只要平时多和人交流，清晰地表达自己的想法，渐渐地我们就会变得善言、乐言。

此外，女性朋友要注意，在进行一次谈话之前，如果内容较多，就更需要事前考虑清楚，在多项内容之间分出层次和条理，当你说话的时候，要善于捕捉谈话的时机，将游离于主题之外的话题拉回来。要知道，在与人交谈时，有一定的主题和条理也是对对方的一种尊重。再者，说话时要注意前后语句的相互关联，并要有合理的顺序。要让每句话之间有着自然的联系，而不是东拉西扯或者语无伦次。最后，我们还应该在说话的过程中不断地锻炼思维的逻辑性，这样才能掌握语句连贯的技巧，从而做到层次分明。

总而言之，要想成为性感有魅力的女人，除了妆容穿衣要得体有层次之外，更要注意说话的条理性和逻辑性，唯有如此，才能句句看似信手拈来，实则层次分明，不仅自己感到轻松愉悦，也会让听者感到清晰明了，把与我们聊天当作一种乐趣和享受。

没有情感的语言能打动谁

古人云“感人心者，莫先乎情”。说话时的一个重要诀窍莫过于以情动人。要打动别人，自然是要使自己说出去的话富有真情实感，情事相连，情理交融。而能够恰如其分地表达自己的情感也是人与动物的最大区别之一。一个人无论是达官权贵还是乡野村夫，亦不管是学术达人还是一介草莽，无一例外在内心中都拥有丰富的情感。因此，要想使自己的言语能够得到他人的认可，真正说服他人，就应该拉近与对方感情上的距离，如此方为良策。

相对于男人来说，女人拥有更为丰富细腻的情感，表达和处理感情的能力也更为出色。因此，在说服和劝说他人的时候，女人较之于男人具有更为得天独厚的优势，也更能收到事半功倍的效果。

有一个女教师租了一间很满意的房子，但是嫌房租有点高，想让房东降低点。但是，很多人都说房东是个很固执的人，为了房租的事情，其他的住户也有人与他交涉过，但皆以失败告终。为此，女教师觉得，应该还有其他的办法。

女教师是个感情丰富的人。首先她给房东写了一封信，告知他等到房子合同期满后她就不再继续住了。房东接到她的信后便带着房屋租赁合同过来找她来了。女教师立马将其带进屋，亲切地招待了他。一开始，女教师并没有说房租贵，而是说她住了这么久，很喜欢房东的房子，明眼人都听得出来，女教师饱含深情的赞美的确出于真心。随后，她又对房东管理房产的高超本领夸奖起来，让人觉得她确实是打心眼里佩服他。最后，她真诚地跟房东说，她还想再住一年，但是房租确实有点儿让她为难。

见过那么多来来往往租房的客户，房东还从来没听这些人说过这样真诚的话。很显然，他也被女教师的话感动了，并向她大吐苦水。说以前也有一个房客给他写了好几十封信，通篇写的都是侮辱他的话。还有一个房客甚至严词喝令，要求他必须阻止楼上的一个房客在夜间打鼾，要不然他就会撕碎租赁合同。谈到后来他对女教师说："如果所有的房客都像你这么通情达理，那我也不会如此为难了。"随后不等女教师再开口，他就主动减去了一部分房租。

女教师说，在与房东谈话之前她就已经在心中告诉自己，就当是给学生推心置腹地讲一堂课，不管房东能不能接受，她都应该一试。

事实证明，正是她那种充满了情感的友好、同情和赞美深深地打动了所谓的固执房东，并最终如愿以偿。

充满情感的语言犹如和风细雨，润物无声。真情亦似辽阔的草原，宽广的大海，浩渺的星空，能够融化一切尴尬、敌对和不快，让人在不知不觉间便接受了彼此的观点或意见，没有丝毫的勉强。

动之以情，方能晓之以理。打动别人的过程，亦同样是彼此情感上的交织与升华。说服不仅仅只是干涩的言辞堆积，更是一种情感上的和声和共鸣。

有个出租车女司机晚上出去拉活，没过多久一个男青年上了车。当行至人迹稀少处时，男青年突然掏出一把尖刀，让女司机把身上所有的钱都交出来。

女司机为了稳住男青年，立马从身上掏出了300块钱并对他说：“钱都在这里了，零钱你还要吗？”男青年根本就没想到女司机这么痛快，于是就进一步说让女司机把自己送到火车站。于是女司机就往火车站的方向慢慢开去。一路上，女司机开始跟男青年找话说：“小伙子，看你不像本地人，这么年轻就出来拼搏，挺不容易的。是不是家里生活比较困难？”

听到女司机这么一问，男青年的心头一痛。他面带愤怒地说：“你们城里人心太黑了，自己吃香的喝辣的也就算了，还找各种借口克扣我们的工资。我们每天累死累活的，就差把命搭进去了，到头来也挣不了几个钱。凭什么我们就要一直受你们欺负？”

听到男青年的这番话，女司机心中有了大概的轮廓。原来是被工头欺负了，一时找不到宣泄的出口。既然不是穷凶极恶的歹徒，那他本质上肯定还是好的，只不过心智暂时迷失了，有一肚子的委屈没处诉说而已。

于是女司机心中更为镇静，语重心长地跟男青年说：“这些无故克扣工人工资的黑心老板确实应该受到制裁。我爱人当年跟你这般大的时候，也曾受过一个老板的骗，当时要不是我劝他，他也早就杀到他们老板家去了。后来冷静下来后，通过法律途径我们还是把钱要了回来，要不然后果还真不好说。像你这样的情况，也是可以通过法律途径解决的。如果一味地蛮干，反倒自己失了分寸，自己吃了亏上了当甚至蹲了监狱，他们还依旧逍遥法外。”

男青年听了女司机的分析后，好久没吭声。女司机便接着说：“其实大多数城里人也跟你们一样，靠自己的工作辛苦挣钱。就比如说大姐我吧，这么晚了为什么还要出来拉活？我爱人每周要上3天的夜班，碰到我们俩都出门的时候，我家里5岁的儿子就只能一个人待在家里，这年头，谁都不容易啊。”

男青年更是不发一语。女司机见状，干脆把车子停在路边并对他说："小伙子，姐也知道你心里不好受，都快过年了，没带多少钱回家，肯定不是滋味。这么着，这300块钱你先拿着，就当是姐帮你的。但是，姐有一句话你得听着，像今天这种违法的事咱以后还是不能做了，会毁了你一辈子的。"

男青年早已是热泪盈眶，把钱往女司机手里一塞说："大姐，您放一百个心，这辈子我就是有一天饿死了也不会再做这种糊涂事了。"随后，他便拉开了车门冲了出去，消失在茫茫夜色中。

女司机的这番话，饱含着深情，完全没有把男青年当作歹徒来对待，而是像开导自己的家人朋友一样，推心置腹地动之以情，晓之以理，终于让男青年在感动的同时真心认识到了自己的过错，最终悬崖勒马，没有在犯罪的道路上越走越远。她的话语，挽救的是一个人的灵魂。

感情是沟通最好的桥梁。以心换心的说服才能让对方真正地认可你的观点，顺从你的劝导。女人最擅长以情动人。用饱含情感的语言使其心服口服，自然是没有什么事办不到的了。

有了幽默，就不再寂寞

美国著名的幽默作家詹姆斯·瑟伯曾说过："一个国家最古老、最宝贵的财富就是幽默。"同样地，幽默感是一个人心智成熟、智能发达的标志，是对周围事物从另一种思维上来做一个趣味的理解，并对各种问题采取富有趣味的处理方式。有幽默感的人身上会散发出一种无言的魅力，能在身边凝聚更多的朋友。

现代女性已经逐渐走出家庭，经过动荡岁月的洗礼，逐渐历练出达观的人生态度。一个女人，如果能有幽默感，便能使自己由张而弛，缓解矛盾，摆脱困境，笑对人生。经常用幽默的语言与身边的人打交道，就会气质倍增，魅力无穷。此外，善用幽默的女人，能够很快提升自己在人际交往中的地位，让自己备受欢迎。有人说，一个没有幽默感的女人，就像鲜花失去了香气，即使外表光鲜，也少了一股灵气。

此外，在适当的场合，以幽默的谈吐来增强交际的生动性和亲切感，还被看成是一个女性的优点，而在国外，"有幽默感"也成为评价人格好坏的标准之一。正如列宁所说："幽默是一种优美的、健康的品质。"因此，一个美丽的女人，更需要用幽默来装点自己。

在现实生活和工作中，往往会发生一些让人无法预料的突发状况，让人一下子陷入窘境，不知所措。这个时候，聪明的女人，会巧妙地运用幽默的语言为自己解围，并起到一种出奇制胜的效果。

有一位著名的女钢琴家在某城市举办音乐会，结果票卖得很糟糕，现场气氛十分冷清，上座率不足三分之一，这让她很尴尬。

然而，她却没有因此取消演出，反而精神抖擞地走上舞台，优雅地环顾了一下空荡荡的观众席，微笑着对场下的观众说："大家好，我初次到这个城市演出，发现这个城市的朋友们都很富有，每个人都买了两三张票，足见人们对我演出的关注，谢谢大家的厚爱！"话音刚落，大厅中便大笑不止，场面也一下子活跃了起来，大家更是对这位钢琴家肃然起敬。由此看来，幽默有着巨大的魔力，当场面陷入尴尬境地时，幽默不仅能帮助我们应付多种局面，还能让自己的形象更加鲜明。如上文中的女钢琴家便是运用了幽默的技巧，在短短的几分钟之内抓住了听众的心，她的成功之处在于她对空座位带来的尴尬的化解，看似荒诞，实则巧妙，不但给自己找了台阶，也回报了观众的捧场，从而使得演奏会得以圆满结束。

作为女人，要善用幽默的力量。我们在社会上生存，无法避免与人交往，因此，拥有适当的幽默感能帮助我们与他人及社会建立和谐从容的关系，能帮助我们更好地与他人进行有效的沟通，获得他人的尊重和喜爱。幽默感还能帮助我们处理一些棘手的人际关系问题。此外，适当的幽默还可以缓解紧张的气氛，巧妙地打开与人沟通的大门，使得我们在社交活动中游刃有余。总而言之，懂得幽默的女人喜爱生活，善于用自己独特的方式化解难解之情，用微笑和从容面对生活中的种种尴尬。

当然，幽默的表达没有一个固定的模式，每个人都可以根据自己的具体情况，选择或者寻找一些适合自己的独特表达方式，这样便能起到他人无法比拟的幽默效果了。

当场面出现死气沉沉、单调乏味的气氛时，如果能运用我们的幽默去打破这种沉寂的局面，人们麻木疲惫的神经不仅能够得到活跃，现场的气氛也会灵动活泼起来。

在某电视台的一次晚会上，当节目进行到中途时，现场的气氛突然变得沉闷起来。这时，台湾著名影视艺术家凌峰发表了一段精彩的即兴演讲，他介绍自己说："在下凌峰，虽然我也得过'金钟奖'和'最佳男歌手'的称号。但是，我是以长相难看而出名的。"此时，沉闷的现场立马活跃了起来，大家都对凌峰的坦率自嘲感到钦佩，并产生了好感和兴趣。接下来他继续说道："……一般来说，女观众对我的印象不太良好，甚至有的女观众对我的长相已经忍无可忍了，她们认为我是'人比黄花瘦，脸皮比煤球黑'……如果你仔细地归纳一下，你会发现，现在的男人基本上分为三种：第一种——看上去很漂亮，可看久了以后，就觉得他没有什么男人味；第二种——看上去很难看，看久了呢就越看越难看；第三种——看上去很难看，看久了以后你会发现，他有一种独特的男人味，就像在下这样。鼓掌的就是表示同意了，鼓掌的都是长得和我差不多的，咱们是物以类聚啊！"此时，现场一片雷动，掌声四起。

正是凌峰幽默的自我调侃化解了晚会原本沉闷的气氛，使得尴尬的气氛轻松被打破，而晚会也能顺利地进行下去。不过作为女性要特别注意，无论是自我调侃，或者调侃他人时，使用的幽默话语一定要得体适宜，唯有如此，才能体现出真正的人情味和艺术性来。

女人若是说话幽默、谈吐诙谐必定是惹人爱的；相反，如果女人缺乏幽默感，就像一口枯井，毫无生趣可言。懂得幽默的女人会让每一个与之交谈的人都开心，她们知道如何自我开解，懂得包容原谅，她们把快乐紧握在自己的手上，并在面对一些较为尴尬的场面时，会利用自己所特有的幽默感走出困境。因此，学会做一个幽默的女人吧，懂得用开朗的心去欣赏人生的种种风景，把幽默当作一种生活的态度。

有力的话往往很短

大千世界，芸芸众生，千姿百态。与各种各样的人交往，自然也就需要学会“到什么山上唱什么歌”。因此，在看客云集的天下，说话也就成了一门艺术。

生活和工作节奏的快速并进使得女人必须学会如何在有限的时间内做到“多快好省”地说话。因此，在表述意义不变的前提下，简洁、明快的言辞成为了当今社会崇尚和追逐的表达方式。女人们要想胜任如今的快节奏，也必须能够做到“一句话就胜似万语千言”，铿锵有力却又言简意赅。

交际达人在处理人际关系时，往往善于抓住一些即时的信息，运用一些高超的语言技巧，对他人有针对性的言辞做出强有力的回应。这种敏捷的思维和“借题发挥”的卓越口才总是能够用极简练的语言把握到关键问题，一击而中。

在很多场合，伟人们的确能够表现出睿智的思维和灵活的思辨能力，让一些看似不得不回答的棘手问题能够在其一两句话的阐释中顿时迎刃而解，让人心服口服。

美国历史上第30任总统小约翰·卡尔文·柯立芝是出了名的少言寡语，

为此他常被人们称作“沉默的卡尔”。在他第二任总统任期行将结束时，他发表了一篇非常著名的声明：“我不打算再干这个行当了。”对于记者们来说，这句声明的背后一定是隐藏着很多别人不知道的故事。因此，很多记者都纠缠着他，千方百计地想知道他不想再当总统的原因是什么。万般无奈之下，柯立芝把一个记者拉到一边，悄悄地对他说：“因为总统没有晋升的机会。”

虽然这不是记者们想要得到的答案，但是柯立芝的回答则完全是没有错的。他用这种模糊的回答很好地摆脱了记者们的一再纠缠，使得他们再也没有理由追问下去了。

对于女人来说，说话简短有力是一个人智慧、情商和干练的体现。长篇累牍往往会给人拖沓、繁冗的感觉，而且很不容易让人抓到重点。因此，有力的语言总是能够两三句话就能说明问题，让人豁然开朗，茅塞顿开。

作为冯玉祥将军的妻子，长相普通而平凡的李德全为什么能够在众多的女人中赢得冯玉祥的芳心呢？据说当时在选择妻子的时候，冯玉祥将军总是会问对方一个问题，即“为什么要嫁个我”。应征者的回答五花八门。有的说因为你是将军，然后叽里咕噜说一堆的话；有的说因为想做英雄的夫人，然后又是噼里啪啦说一串的话，仿佛自己已经当上了英雄的夫人似的。很显然，对于这些世俗的回答，冯玉祥将军肯定是不满意的。

一个很偶然的机会，他遇到了李德全。照旧，他又问了相同的问题。当时的李德全女士只说了一句话：“上帝怕你做坏事，派我来监督你。”冯玉祥将军初听此话，心中为之一振。她的回答不仅简短，而且透着一股子真诚和智慧，让人不得不为之心动。从此，两人果真结为秦晋之好。

李德全女士的回答是很契合当时的大环境和冯将军的心意的。彼时军阀混战，生灵涂炭，民不聊生。对于冯将军来说，任其是铁血男儿也需要一个得力的贤内助。而原先那些女人的回答无一例外都是从自己的角度出发，做着官太太的养尊处优的美梦。这种思想中透露出来的自私和虚荣自然是冯将军所鄙夷的。而李德全女士的回答则是从大局出发，短短的一句话就让人觉知其为识大体且能够共患难的女子。在那样的一个乱世之中，能够得到如此的佳人，岂不幸哉？

诚然，文韬武略的冯将军久经沙场，阅人无数，自是能够从简短的谈话中分辨出一个女子的品性、修养和学识。李德全虽然貌不出众，但正是她给予冯玉祥的第一印象奠定了他们日后美满婚姻的基础，其言谈中所展露出来的道德、伦理、文化、风度的综合素质和修养的综合魅力给予了冯将军最好的人生伴侣的定位。

言谈所赋予女人的超人魅力让众生为之心动。在人生的道路上，女人们若能时时做到以简洁的语言表述丰富的含义，掌握一语中的的高超言谈本领，必定会大大地提升自己说话的技巧，起到很好的打造智慧人生、塑造良好社交形象的作用。

感人的话来自语调变化

在人与人的沟通过程中，最重要的是完整而清晰地表达出自己的思想，得到他人的认可。而在和对方的谈话过程中，除了谈话的内容外，最能影响谈话效果的恐怕就是说话的语调了。

通俗来讲，语调就是指作为语言表现形式的声调。虽然语调不是内容，只是语言的表现形式，但是抑扬顿挫、铿锵有力、富于变化的语言声调对于思想的良好表达和沟通的融洽进行有着不可忽视的作用。

一般来讲，说话人需要根据谈话内容的不同而选择不同的语调。例如，当跟对方谈论起愉快的事情时，最好使用爽快的声调；当跟对方谈论起忧伤的事时，最好使用沉稳的声调；当和对方进行辩论或鼓励对方时，就应该提高分贝，慷慨激昂。说话时语调的轻重缓急、抑扬顿挫和快慢结合的变化，更有助于说话者正确地表达自己的思想感情和丰富的内心世界，从而也更能有效地抒发真实的情感。

相对于男人来说，女人的情感更为细腻，内心更加敏感，因此，在同对方谈话的过程中，一定要善于运用你的语调，不时地根据内容去调整自己的语

调，以此来增强语言的说服力。一个会说话的女人，往往能够通过自己的语调变化来向对方恰到好处地传达自己的感情，以赢得对方的认可和尊重，达到自己谈话的目的。

在口语交际中，语调的变化往往能够比语义本身传递给听者更多的信息，能对听众的心理产生极其微妙的特殊影响。

有这样一则故事，事情的主人公是波兰著名演艺明星摩契斯卡夫人。一次她应邀到美国演出，台下突然有位观众请求她用波兰语讲台词。摩契斯卡夫人答应了这位观众的要求。这时她站起来，开始用波兰语念台词。美国观众们听不懂波兰语，但是他们虽然不了解她台词中的具体含义是什么，却觉得听起来感觉十分悦耳动听、令人非常愉快。

摩契斯卡夫人念台词的时候，观众们也都在饶有兴致地听。她的语调时而急促，时而柔和，时而缓慢悠扬，时而低沉嘶哑。当她念到最后，先是突然慷慨激昂起来，随后又立马转为悲怆，并在此戛然而止。台下的观众一时鸦雀无声，都为她变化多端的语调传递出来的情绪深深地感染了。正当大家都还沉浸在悲伤中时，台下突然传来一个男人的哈哈大笑声。他不是别人，正是摩契斯卡夫人的丈夫——同样来自波兰的摩契斯卡伯爵。他起身向观众们解释道，他的夫人刚刚用波兰语讲的台词不是别的，而是九九算数乘法表！ 听到此，台下观众对摩契斯卡夫人说话时语调变化的深厚功力愈发地敬仰了。

由此我们不难看出，语调的变化所拥有的巨大威力甚至超过了语言本身的内容。人们即使不明白其中的意思，也同样可以被变化的语调所感动，甚至会完全沉浸陶醉其中而不可自拔。

孔子曾经说过："文胜质则野，质胜文则史，文质彬彬，然后君子。"如同音乐必须有音调变化一样，说话也需要有语调的变化才能使演讲和谈话更生动。

具体来说，我们说话的声音，就如同美妙动听的音乐一样，只有渗入人们心中，才能达到说服别人、交流沟通的目的。例如，我们在表示疑问的时候，可以提高末尾的声调；想要强调某件事的时候，声调的起伏可以更大更强烈一些；同样，如果要表现强烈的感情，可以把声调降低或逐渐提高等。

在文尔顿和汤姆逊两人合著的《演说根本》一书中有这样一段话："演说最漂亮的进行速度，完全在于发音是否清晰明了，其主要原则还在于多求变化。变化多，自然能够吸引听众。该强调的时候就强调，决不装模作样。演说的主要目的，就是自始至终把你的意思传达给听众。"这段话告诉人们，合理变化的语调是人们说话演说向听众传达信息的重要因素。

有句话说得好，"嗓音是身体的音乐，语调是灵魂的音乐"。美国一位科学家的研究已经表明，一段讲话是否能被听者所接受，其内容的重要性仅占三成左右，讲话者的身体姿势和个人气质大约占到两成，衣着外貌占到一成，而最重要的则是说话者的语调，竟占到四成之多！由此可见，良好的语调是沟通过程中必不可少的重要因素。

"良言一句三冬暖，恶语伤人六月寒。"富有变化的、温和亲切的语调可以很快地拉近双方的距离，相反，不合时宜和环境的语调往往会使交流陷入僵局。

说服力强的女人，能通过变换自己说话的语调来准确地表达她的思想态度。在和他人说话时，要想吸引和感染别人，女人就一定要感情充沛、铿锵有力。如果女人说话一直是四平八稳的语调，那就好比是一直在喝一杯白开水一样，索然无味，让人毫无兴趣。因此，各位女性朋友们，想成为一个出色的演说家吗？想成为人人喜欢的万人迷吗？赶快练习你说话的语调吧。

不是真心赞美，不如闭嘴

赞美是人际交往中最能打动人心的语言。著名的心理学家杰尔士就曾说："人性最深切的需求就是渴望被别人赞美。"马克·吐温也曾说过："一句美妙的赞语可以使我多活两个月。"赞美是人的天性使然。人人皆需要赞美，人人也都喜欢被赞美。作为人与人之间相处的最巧妙的方法之一，赞美可以使人获得内心的满足感和精神上的愉悦感。

适当地赞美对方，会使赞美者与被赞美者之间产生更多的亲近感，在照亮他人生活的同时也温暖了自己的心田。赞美是加速人际沟通的有效手段。懂得真心赞美他人的女人，生活中也会时时充满阳光，在赞美他人的同时也会收获他人的赞美，在彼此好感的基础上种下友谊的种子。

作为同一个部门的同事，小琴和珊珊在工作能力上旗鼓相当，难分伯仲。所谓一山难容二虎，两人虽然表面上和和气气，但暗地里却始终各自较着劲。从工作的角度来说，这自然是好事，但是两人太过剑拔弩张，以至于只要两个人都在办公室，气氛就很紧张，大家都是谨言慎行，唯恐得罪了谁。因此，二人也都觉得这样下去不是办法，终于，打破僵局的机会来了。

在部门的年中总结大会上，小琴主动向珊珊抛出了橄榄枝。趁着珊珊身旁正好没人的时候，她端着酒杯走到珊珊的身边，很真诚地对她说："珊珊，我前些天去北京出差的时候见到了廖总。上次那笔单子还是你谈下来的。你知道他一见到我就跟我说什么吗？他说：'你们部门的珊珊真是个不可多得的好女孩，我见过这么多的业务员，像她这么优秀的人才我以前还是从来没见到过。'他后来还说一定要让我代他向你问好，希望你以后有机会可以常去他们那里玩。"

听到这样的话，珊珊的心头不禁为之一振。她没有想到廖总对自己竟有如此高的赞美，更没有想到平日里一直与自己针锋相对的小琴居然能够对自己说出这么真诚的话语。

小琴望着珊珊惊愕的脸庞，接着说道："廖总是出了名的不好打交道的人，就连他们公司也很少有人能够得到他这样的赞赏，由此可见，你的能力和表现已经完全把他征服了。"

听了小琴这些动人的话，珊珊反倒有些不好意思起来。她也很真诚地对小琴说："你真是过奖了。当时换了你去谈，你一样也可以。"

看珊珊这么客气，小琴更是不失时机地表述了自己的真心话："真的，珊珊，一直以来我都很佩服和欣赏你的业务能力和职业道德，总想着向你请教一些经验，却总是找不到合适的机会。"

话说到这里，两人都放下了素日里敌对的情绪，开诚布公地谈了起来。两人相谈甚欢，大有不打不相识后巧遇知己的感觉。

自此之后，两人在公司里的紧张氛围迎刃而解，不仅在业务上相互学习和帮助，生活上也成了真正无话不说的好朋友。

促使人们自身能力发展到极限的最好办法，就是赞赏和鼓励。女人发自内心地去赞美他人，会让被赞美者的心中产生一种成就感。真心的赞美不是毫无原则的恭维和阿谀逢迎，而是在以事实为依据的基础上说出自己心中真正钦佩对方的地方，如此方能让他人觉得你不是虚伪地讲大话空话。

正是海涛的那种肯吃苦且永远上进而不服输的个性，让田欣爱上并最终嫁给了他。虽然他们在家庭条件上相差很多，但是婚后的他们一直都很幸福。

海涛自然是对此充满了感激。为了能够给自己心爱的女人更好的未来，海涛工作起来更是加倍地努力。为此，田欣是看在眼里，疼在心里，总会充满温情地对海涛说："老公，你这么辛苦，千万不要把自己累坏了，要知道，你可是我的骄傲，是我的全部！"

田欣的赞美和鼓励在那段艰苦的日子里给了海涛莫大的鼓舞和动力，终于，他们有了一点小积蓄，海涛便利用这些钱自己开办了一个小公司。

万事开头难。一开始，流动资金没有那么多，而且客户群也没有那么固定，所以，尽管海涛拼尽了全力，公司的运营还是到了举步维艰的地步。

每次到了海涛快要坚持不下去的时候，田欣总会一个劲地给他打气，并总是对他说："老公，你永远是最棒的。"

终于，在田欣的不断赞美和鼓励下，海涛的公司挺过了最艰难的时期，并开始一步步赢利了。到后来，他的公司在业内已经成了知名企业，影响力也越来越大。

得意的时候，女人的真心赞美是一种沁人心脾的力量，让人能够在顺风顺水的时候百尺竿头更进一步；失意的时候，女人的真心赞美同样是一种催人奋发的力量，让人能够在逆水行舟的时候不畏艰难坚持到底。不要吝啬你的赞美，当你真心地说出你的钦慕时，你同样也会收获属于自己的欣喜。

Part 4

有了气场，没了距离

女人气场的形成有赖于出色的谈吐，但也需个人素养的配合，如穿着打扮、眼神表情、专注与真诚、稳健与灵活，各种因素都发挥得恰到好处，就能轻松俘获人心，拉近你与对方的距离。

根据对方改变说话的风格

无论是在工作中还是在生活中，我们会遇到形形色色的人，有谈吐隽永的，有语言干瘪、意兴阑珊的；有口若悬河的，有期期艾艾、不知所云的；有唇枪舌剑的，也有心平气和、慢条斯理的……而每一个人在与人沟通时都会表现出各种不一样的特征。人的口才能力有好坏之分，因此说话的效果也是千差万别的。我们平时说的“见什么人说什么话”就是说，要想更好地与不同风格的人沟通，就必须要把握其中的奥秘。

良好的谈吐可以让女士们在人际交往中游刃有余，而蹩脚的谈吐则令她们障碍重重。因此，根据对方改变我们的说话风格，可以帮助女性通过自身的真诚和本着处处替对方着想的出发点，获得对方的认可，不仅能展现出作为女性的强大气场，还能使我们的人际关系更加融洽，而生活和工作也能因此获得极大的便利。

中国有谚语：“到什么山唱什么歌，见什么人说什么话。”人与人之间本身就存在着各种差异，因此，他们的脾气秉性、心理特点、语言习惯也各不相同，这也决定了他们在与人交往时对语言信息的要求也是不同的。因此，女性在与人沟通时应做到因人而异，见什么人说什么话，绝不能千篇一律地用一种说话方式来应对不同的人。此外，在与不同文化背景的人交流时，女人们也同样要在谈话中留意文化差异，以免在无意中触犯对方，而这些也都意味着，我们必须在交流中对自身的言行负责。

然而在现实中，许多女人常常在说话时不看对象就急于滔滔不绝，结果往往适得其反。因此，女人想要在与人交往时赢得人心，就应该学会见什么人说什么话，见到胖子可说丰满是美，见到瘦子就说现在流行骨感美。说话的魅力，不在于说得多么流畅，而在于是否抓住对方的心。

古语有云："知己知彼，百战不殆。"说话亦是如此，唯有在开口之前先了解对方，才能针对不同的对象，采取不同的会谈技巧，从而说出对方真正想听的话。因此，不能光顾自己说话，不顾别人的感受，要考虑对方的心情和处境。

在一家时装店里，一位衣着时髦的白领小姐正对着镜子试穿一件衣服，她犹豫着到底是否要购买它。这时，站在一旁的营业员忙上前说："您的眼光真好，这件衣服的款式非常雅致，销路也很好，今天早上就卖出好几件。"可是这位小姐听完后立马换下衣服离开了。过了一会儿，一位中年妇女来了，她告诉营业员她准备买一件时尚马甲，那位营业员接受了刚才的"教训"，忙为这位妇女介绍一件马甲说："这件马甲很新潮，一般人还不一定压得住它，这几天还没有卖出一件，那么多人试过这件衣服，只有您穿着最合适了。"这位妇女听完营业员的话后，也离开了。

这位女营业员在推销衣服时，没有分清对象，结果惹得顾客一肚子不高兴，自然不会买她的衣服。所谓对象，是指对方的身份、地位、性格、喜好、文化水平等等。作为白领丽人，追求与众不同的效果，最介意撞衫，如果自己所买的衣服街上随处可见，那是有失品位的。而对于中年妇女来说，最担心的是别人穿不了的衣服自己才能穿，在她们看来，这意味着她们已经年华老去，无法跟上潮流了。可见，说话不看对象，就无法根据对象的特点突出产品的卖点与优势，还会惹来顾客的厌烦。

为了帮助女性朋友们更清楚地识别不同人群的说话风格，我们归纳出了分析型、和蔼型、表达型和支配型 4 种常见的说话风格。

1. 分析型

有的人在决策过程中不够果断，感情流露也非常少，说话非常啰唆，问了许多细节仍然不做决定，这样的人属于分析型的人。

2. 和蔼型

还有一类人感情流露多，做事不果断，做事非常慢，这样的人我们管他叫做和蔼型的人，他总是微笑着看着你，但是他说话很慢，表达也很慢。

3. 表达型

另外还有一种人，感情外露，做事非常果断、直接，热情，有幽默感，动作非常多，而且动作非常夸张。在说话的过程中，往往会借助一些动作来表达他的意思，这样的人是表达型的人。

4. 支配型

另外还有一类人，感情不外露，但是做事非常果断，总喜欢指挥人，命令人，我们管这样的人叫做支配型的人。

生活中我们所有的沟通对象都是属于这 4 种类型。这 4 种类型的人在沟通中的反应是不一样的，我们只要了解了不同人在沟通中的特点，并且用与之相应的特点和他交流，就能游刃有余地进行交流，见什么人说什么话。

总之，说话是一个传递信息的过程，一个聪明的女人想要增强自身的语言魅力，很重要的一点便在于她所表达的思想或想要传达的信息能否被对方接受并产生共鸣。因此，女士们应该养成随人而言的良好表达习惯，即使身处各种环境，从事不同的职业，在生活与工作的双重颠簸里奔波劳碌，也都要学会如何针对不同的谈话对象采取不同的谈话方式。唯有如此，女人们才会在表达中不失礼数，最终拨动听者的心弦，并逐渐培养出不俗的谈吐气质。

用“我们”替代“我”

每个人在说话的时候，对不同主语的使用往往能够反映出其内在的性格和品质。可以说，最初无意识的不恰当主语的使用久而久之会沉淀在一个人的习惯中，继而成为性格中难以更改的一个部分，并反过来影响着人们的言谈举止。这其中，“我”与“我们”的使用便是很典型的例子。

一般来说，小孩子在表述一件事情或物品的归属时，使用的基本都是“我的”“我要”等词语。心理学家认为，这是自我意识强烈的表现。在小孩的世界里，这些是无关紧要的，因为每个人天生如此。但是，如果你在成年之后踏入社会仍然沿袭着小时候的自我意识的话，那么你口中随时迸出的“我”肯定会对你的人际关系造成潜移默化的负面影响。

直接一点来讲，一个总是将“我”字挂在嘴边的人注定是个不受欢迎的人。对于女人而言，凡事都用“我”打头来讲述的话势必会给人以过于以自我为中心的印象，难以与人接近，人人也都敬而远之。相反，如果经常注意用“我们”替代“我”，那么就会在不知不觉之中拉近与他人的心理距离，更有效地进行彼此间感情上的交流。

一次简短的谈话中，一位公司的女经理总共讲了 3 分钟的话，但是有人帮她统计了一下，一共用了 36 个“我”字。等她讲完后，一位业内的老熟人就凑到她跟前对她说：“真是太遗憾了，你丢掉了你所有的员工。”

女经理没听明白，怔怔地说：“我没有丢掉我的员工啊，他们现在正好好地在公司上班呢。”

“哦，那听你刚才说的话，你的员工跟你公司和你的部门没有任何关系啊。”

一旦“我”字讲得过多，必定有过分强调和突出自我、标榜自我形象的嫌疑。这不是一种展示自信的体现，而是直接在你与对方之间架构了一道高墙，生生地将你与他人隔绝开来，造成他人对你认同感的极大降低。

曾经有人做了个很有趣的实验。先让一个人扮演一个专制型的领导者，然后再让他扮演民主型的领导者。在样本数量有足够说服力的前提下，让人们分别观察这两类领导者使用“我”和“我们”的频率。结果发现，所有民主型的领导者都具有非常强烈的团队意识，使用“我们”的频率也最多；相反，专制型的领导者则使用“我”的次数最多，而这种人也是观察者们所不欢迎的。

在这点上，福特公司的前总裁亨利·福特二世就曾说过：“一个满嘴‘我’的人，一个独占‘我’字、随时随地说‘我’的人，是一个不受欢迎的人。”

事实上，对方说“我”“我认为”等以自我为中心的词语时带给我们的感受相对“我们”带给我们的感受要大为狭隘，说服力也明显不够力量。

一对好朋友在出门散步的路上同时看到地上有一块金表。这时候，甲立马飞奔过去，捡起那块金表，并无比兴奋地对乙说：“今天我的运气实在太好了，连出门散步都能捡到这么贵重的物品。”他一边说一边将金表搁进了自己的口袋。

正在这时，不远处的失主沿路找了回来，看到甲正将金表装进自己的口袋，失主一把抢了过来，并说甲太大胆了，光天化日之下居然偷他的金表，这么说着，便要拉着甲去警察局理论。

甲一时愣住了，真是百口莫辩，很无奈地对乙说：“这回我们遇上麻烦了。”

乙赶忙纠正他说：“不是‘我们’，你应该说‘这回我可麻烦了’才对！”

甲的见风使舵实在令人不敢恭维。他借此拉乙下水，却不料到头来自己还是吃了亏。人的心理是非常奇妙的。往往正是这些言语上的细节让彼此的感觉顿时完全不同了。当一己私利的“我”碰上患难与共的“我们”时，后者也再不想出手相助了。

因此，会说话的女人，总是尽量避免在语言表述中以“我”打头，取而代之多说“我们”。

一般而言，公众场合凡是涉及可以用“我们”或应该用“我们”的地方，都应该努力去使用“我们”来替代“我”。比如，用“今天下午，我们……好吗？”比“我建议，今天下午……”的感觉就要好很多。其次，当代表集体发言或做总结报告时，应该而且必须要用“我们”来表述获得的成果或取得的结果。比如有人说：“最近我做了一项调查，发现市场上出现了几款非常类似我们部门的产品，我认为……。”试想一下，这时候你代表的是你们部门甚至是整个公司，所有的调查结果都是大家共同努力的结晶，因此，倘使这时候用“我们”来替代上句中的“我”，效果自然也就大为改观了。最后，平日里非得用到“我”时，尽量使你的语调平淡化，并把听众的注意力吸引到你所要表述的重点事件上来，这样也就避免了吹嘘和炫耀的嫌疑，让听众更乐于接受。

女人说话时，切记要杜绝小家子气，克服与生俱来的强烈的自我意识，在言语表达上尽量做到用“我们”替代“我”，如此，方能在他人的心目中树立起良好的形象，为职场生活大开绿灯。

信赖=真诚+真话

一层纱，两处情；一堵墙，两颗心。得体言语的表达还需要真诚的辅佐。唯有真诚地讲真话，才能更多地获取他人的信任。而在你给予他人信赖的同时，他人也同样给予了你同等的坦诚。真诚地说真话是人际之间信赖关系的纽带和桥梁，也唯有建立起这种关系方能在生活和工作中畅通无阻，无往而不利。

对于女人而言，真诚是古往今来都必须要修炼的一种人格境界。真诚地讲真话，要求人们在说话时时刻做到真实无妄、诚实无欺。因此，真诚地讲真话不仅是一个人的修养问题，更是一种不可或缺的道德操守。真诚的女人内心必定是诚实的，她们给予周围人的是一种可以信赖和托付的社会关系。因此，现代的女人不论身处何处、身谋何事，都应该秉承真诚地说真话的宗旨，心智清明地将其作为一个人的立身之本。

美国南北战争时期，任何人没有得到过总统的首肯是不能随便穿梭南方和北方的。

这一天，有个姑娘找到了总统，想让他为她开一张去南方的通行证。

总统不无好奇地问:“现在南方和北方正处于战事之中，你要去南方干什么？”

姑娘直言不讳地说："去探亲。"

总统立马来了精神，说道："那太好了，你到了那边正好去劝说一下你的亲朋好友，让他们都放下武器吧。"

"不！我是个南方派，我去就是为了要跟他们说，不要灰心，一定要坚持到底！"姑娘斩钉截铁地说。

总统的脸顿时沉了下来："那你还来找我？你这样还想让我给你通行证？"

谁知姑娘满脸真诚地说："总统先生，我不能为了一张通行证而撒谎。我在学校读书的时候，老师就给我们讲过您的故事，自那之后，我就已经下定了决心，这辈子一定要做一个像您一样诚实地讲真话的人。所以，今天，我不能为了一张通行证而改变我说话做事的根本原则。"

总统听完姑娘的话，顿时被她的真诚感动了。自不必说，他很快便给这位姑娘开了一张通行证，并且还在证件上写下了一行诚挚的话语："请让这位姑娘通行，因为她是一位信得过的姑娘。"

真诚是通往信赖的桥梁。真诚的女人说话和表达时会很容易给人以共鸣，她们毫无做作和刻意掩饰的话语无疑都是来自内心最真实的声音，因此，在他人看来，她们并不是为了说话而说话，而是一种内心的倾诉，一种强烈的高尚道德观庇护下的坦诚相见。因此，较之于华丽的辞藻和无谓的深沉来说，朴实而真诚的话语恰恰是最能打动人心的，也是最让人无须任何防备即可信赖的。

精诚所至，金石为开。真诚是所有人生活中都不可或缺的元素。真诚地说话不仅能够如实地传达出言语者本来想要表达的意思，还能够使得听者产生共鸣，有一种舒适和被尊重、被信赖的感觉。相对而言，花言巧语的虚假语言即使骗得了一时，但终有暴露本性的那一天。而一旦袒露无遗，信赖必定荡然无存。

女人说话切记要真诚。用真诚镀金自己的语言，时时不忘擦拭自己人生的尘埃，愈是如此，愈能散发出迷人的光辉。真诚地说真话可以给予他人信赖感,同时亦会收到同样的回馈。而一旦女人能够将真诚融入自己的一言一行中，必将赢得一片属于自己的璀璨天空。

微笑是女人最美的“语言”

生活的压力常常会使深陷其中的人们心情烦躁，以至于言谈举止间总会不自觉地将其表露出来。殊不知，再疲惫倦怠或低落抑郁，也不要忘记一种至关重要的无声而又充满正能量的语言——微笑。

对于女人而言，一个简单的微笑就能让完全陌生的彼此拉近距离，让先前阴霾的心情顿时如拨云见日般豁然开朗。女人说话时常常面带微笑，不仅会使你的言辞更为生动，也会在无声无息间悄然地散发着迷人的魅力，在其举手投足间都能让他人感受到微笑的温暖。微笑的力量如此奇妙，它在排解女人困扰的同时，也一样缓解了女人生活中的紧张感与环境的束缚感，让女人与周围人的生活变得快乐，言语之间也自然有一种巧笑倩兮的不尽美感。

具体而言，微笑的含义有很多种：“我喜欢你”“见到你我很高兴”“你使我感到快乐”……但是不论哪一种含义的微笑，都是人们“喜闻乐见”的。可以毫不夸张地说，微笑是女人最美的语言。

有一项调查，咨询了数名男士一个问题，即“你最喜欢的女人脸部表情是什么？”答案大部分都是微笑。因为男士都喜欢快乐阳光的女性，而微笑则是对快乐最好的诠释。在一些陌生的场合，微笑也是消除紧张、使人与人之间变得自然的有效方式。任何人都会对微笑的你产生好感。

乔伊夫人是一位成功的银行公关经理，她总是坚持着对每一个顾客微笑，解答他们的疑问。在她办公桌上就有一个用镜框镶起来的箴言："一个微笑不费分文但给予甚多，它使获得者富有，但并不使给予者贫穷。"一个微笑只是瞬间，但有时对它的记忆却是永恒的。一个微笑为家庭带来愉悦，为同事带来友情。它也为疲乏者带来休憩，为沮丧者带来振奋，为悲哀者带来阳光，它是消除烦恼的灵丹妙药。然而，它却买不到，借不了，偷不去。因为在被拥有之前，它对任何人都毫无价值可言。有人已疲惫得再也无法给你一个微笑了，那就请你将微笑赠予他吧，因为没有一个人比无法给予别人微笑的人更需要一个微笑了。

确实。在我们的生活中，微笑一直在不知不觉中改变着我们，它使我们的人际关系得到改善，同时也使我们的心情变得愉悦。

"丹唇未启笑先闻。"微笑会让女人变得更加有魅力。很多时候，即使你什么都没说，只需要一个微笑，对方就可以从心里认可你，对你有了好感。微笑可以很好地掩盖女人身上的其他缺点。面对着一个满面微笑的你，即使再苛刻的人也会给予更多包容的。

有三个女孩去一家花店面试售花小姐。她们三个人各自都有优点，最后，花店的老板决定给她们三个人每人一星期的试用期来经营花店，然后根据她们的表现决定录用谁。

第一个女孩是从花艺学校毕业的，她充分利用了自己的专业知识和花艺技巧，在一周的试用期内为花店创造了良好的业绩。第二个女孩原先就有着丰富的售花经验，在她的试用期内，凭借着她优秀的销售经验和技巧，同样使花店在这一周内获得了许多的利润。

而第三个女孩是一个普通的待业女孩，她既没有丰富的专业知识，也不曾做过类似的销售工作。但是她是一个爱笑的女孩，不论有没有顾客光临，她的脸上总挂着那种亲切的、甜甜的微笑。有顾客咨询她，她更是“未曾开口笑先闻”，无论买与不买，她都会笑着迎来，笑着送往。在她的这一周试用期内，虽然业绩很一般，但是，小店里聚集的人气以及店内不时传出的笑声，让越来越多的人都知道了这家花店，都愿意到这里来买花。

老板最后录取了这个没有什么特长的女孩。其实，与专业知识和销售技巧比起来，微笑的服务才是一项不会随着时间消失的特长。

最后的事实也证明，花店老板的决定是正确的，这个微笑的售花小姐不但给花店带来了业务量的增加，同时带来的还有源源不断的人气和良好的口碑。

聪明的女人会善于利用自己的微笑。因为微笑会让你的社交更加的轻松和融洽。在与人交谈时，面带着微笑，就会使氛围变得轻松，交流也会随之变得简单而舒畅。

一位学者说：“对人微笑是高超的社交技巧之一，也是获得幸福的保障。只要你在这个社会生活着，就不能不微笑……”微笑对一个女人是尤其重要的，在生活中保持微笑，这不仅是一种习惯，更是一种生活的态度。用微笑去面对生活，生活也会对你报以微笑。

懂得微笑的女人，能够给陌生人以亲切感，给朋友以安慰感，给亲人以愉悦感。微笑是无声的语言，也是最能打动人心的语言。关于此，英国天文学家斯提德说得极为精彩：“微笑无需成本，却能创造许多价值。”因此，不要吝啬你的笑容，它能带给别人希望，也能给自己带来自信。

这样倾听，能让对方开心

大多数人在和别人交流时，都喜欢侃侃而谈，并以此为荣，而很少有人愿意听别人说话。事实上，人都会有一种倾诉的欲望，如果有人在向你喋喋不休时，耐心地倾听就是对说话者最大的尊重，同时，说话者也会因此对你充满感激和喜爱。所以说，在谈话过程中，倾听也是一种艺术，更是一种涵养所在。

上帝给了我们两只耳朵和一张嘴，就是为了让我们多听少说。不管你面对的是什么样的谈话者，倾听都有同样的功效。古希腊谚语说："聪明的人，借助经验说话；而更聪明的人，根据经验不说话。"人的能力与精力毕竟有限，世界上有许多事情是我们个人所无法了解的，但是通过倾听别人的谈话，我们不仅可以获取丰富的信息，还能分享他们的知识和经验，从而为我们的思考提供帮助。因此，对于女人来说，倾听不仅仅是一种美德，更是一种高层次的智慧。倾听，无疑是沟通中最大的技巧。

林柯莱特是美国知名的主持人，在一次节目中，他访问一位小朋友："你长大后想要当什么呀？"小朋友扬着小脸天真地回答："嗯，我要当飞机驾驶员！"林柯莱特又接着问道："如果有一天，你的飞机正在天空飞翔的时候，所有的引擎突然都熄火了，你会怎么办？”小朋友低头认真地想了想，然后说：“我会先告诉坐在飞机上的所有人都系好安全带，然后我带上我的降落伞先跳出去。”

话音刚落，现场的观众笑成一片，而林柯莱特却没有笑，他继续注视着这孩子，想看他是不是自作聪明的家伙。

此时，孩子的泪水溢满眼眶，林柯莱特惊觉这孩子有着言语无法形容的悲悯之情。于是林柯莱特接着问他：“为什么要这么做？”小朋友的回答出乎所有人的意料：“我要去拿燃料，我还要回来！我还要回来！！”

林柯莱特在倾听孩子讲述的过程中，表现出了大多数人所不具备的良好素质。他以良好的耐性和一颗精细的心去体察对方的感情，而不是只听一半就将自己的意思强加在对方头上。作

为女性，更要学会倾听，用心听，虚心听。一位品貌不凡的伯爵爱上了一个貌若无盐的寡妇，所有人都很不解，他告诉大家：“她是一个善解人意的倾听者，和她在一起感觉像是沐浴着阳光一样舒服。”

每个人都希望自己所说的话能受到对方的重视或肯定，因此，养成倾听的好习惯不仅能让我们顺利地与他人交流，还能找到对方的兴趣所在，从而顺利地进行下一个话题。此外，当对方感受到你的真诚时，也能激发他们继续与你交流的欲望。久而久之，我们会发现，安静地聆听常常比费尽心思的花言巧语更得人心。

陈玉毕业于营销专业，在工作2年后被聘为某汽车公司的销售部经理。虽然她新官上任，并没有急于大刀阔斧地改革，也没有忙着在下属面前立威，而是以一种倾听的姿态，仔细地听取了许多人的建议，这些人中有的是公司的

内部员工，也有局外人。她认为，认真倾听手下骨干业务人员的汇报，不仅有助于她尽快熟悉公司的具体推销方案，还能表现她对他们有着足够的尊重和关注，从而拉近了与他们之间的距离。

就这样，陈玉渐渐地对业务越来越熟悉，而她的耐心倾听也给了下属极大的鼓励和思考空间。大家在她的指导下，常常能够想出更好的销售方案，整个部门处在一个良性循环的状态中，领导和下属都对陈玉很欣赏。

这正是陈玉的高明所在，她运用倾听的方法，不仅迅速熟悉了业务，还获得了领导和员工的信任。由此可见，耐心倾听使我们可以从多种角度看问题，当人们意识到你具备这种能力时，他们自然将更愿意支持你。

无论身处何种社交场合，也无论谈话对象身份如何，女性们需要时刻提醒自己记住一个简单的道理：学会听别人讲话比自己讲话更重要。如卡耐基所说："做个听众往往比做一个演讲者更重要。专心听他人讲话，是我们给予他的最大尊重、呵护和赞美。"同时，善于倾听的女人也能获得相应的回报，拥有令人羡慕的好人缘。

但是，并不是人人都能够做到有效倾听，人与人之间的交谈是按一定的规则进行的，要想实现有效的倾听并不简单。那么，如何才能做到这点呢？

首先，在倾听时，不要盲目地点头，而是要根据对方的谈话主题，给予相应的示意。如一句话、一个点头或者一个微笑都可以，而此时对方也能感受到你的诚意和鼓励。

其次，在倾听他人说话时，一定要集中注意力，不要走神，不仅要注意对方谈话的重点，还要观察对方的表情，但要注意不要一动不动地紧盯着对方的眼睛，而是看着对方的鼻尖或前额，这样你的眼神会柔和很多。

此外，如果你由于没有时间或者其他原因不能继续听别人谈话，就直接提出来："对不起，我对你的想法很感兴趣，但现在我有急事必须立刻离开。"要知道，相比心不在焉地去敷衍与对方的谈话，诚恳的道歉将更容易得到对方的谅解。

人生总是曲折多于坦途，要想正确地对待生活，并在复杂的人际关系里游刃有余、塑造自己良好的交际形象和性格品质，就要在与人交谈时养成耐心倾听的好习惯，这对于女性而言，有着非常现实的意义。

要与对方有眼神交流

眼睛是心灵的窗户。女性朋友们和他人的交谈过程中，要尽量做到与对方有眼神交流。因为只有当两个人彼此用眼神交流时，心灵的沟通才算真正开始，也只有充分地运用好自己的眼神，才能恰到好处地表达自己内心的思想感情，给对方留下深刻的印象。

关于此，美国著名哲学家爱默生曾说：“人的眼睛和舌头说的话一样多，仅从眼睛的语言中就可以了解整个世界。”由此看出，在交往中眼神的交流是十分重要的。

首先，眼神能够传递内心的情感，能够恰到好处地表达自己的观点，得到对方的认可和赞同。这种说法并不是空穴来风，而是有一定理论和科学依据的。一项研究表明，在人与人的沟通中，通过语言传递的信息只有 37%，而通过眼神、表情、动作等传递的信息则有六成以上。

来自英国剑桥大学的心理学博士西蒙曾经做过这样一项研究实验。他招募了一些志愿者，并将若干张不同人物的照片依次拿给这些实验志愿者们传看。比较特别的是，这些照片仅仅显现出了人物的眼部，而眼睛以下的部位是看不到的。

随后，博士要求志愿者们根据他们所看到的照片，猜测照片上主人公当时的心理状态，比如高兴、沮丧、愤怒、恐惧等。另外，博士还要求志愿者尽可能地推测照片上的主人公的内心活动，比如喜欢和你说话、讨厌看到你、期待与你下次见面等。

实验一共提供了25道题目，最终的结果表明，志愿者平均答对了25道题目中的20道。由此结果我们可以很明显地看出，人们对于眼睛所传递的信息都有着很敏感的洞察力，也就是说眼神能够传递人们内心的情感。

据说希腊神话中的海伦能够运用充满魅力的眼神招来舰船，美国民族英雄戴维甚至可以用愤怒恐吓的目光逼退野熊，我们也经常说到某些人的眼神可以放电，等等。虽然这些不免有些夸张，但眼睛能传达人们内心情感确实不假。因此，在和他人的交流中，注视对方的眼神，尝试运用自己的目光与对方进行情感和内心的交流，这对于女人来说，是练就良好口才的必备功课。

其次，与对方有眼神交流能够表达出对人的尊重和欣赏，往往能产生奇妙的效果。

在一家大型公司的招聘会上，两个初入社会的年轻人小张和小蔡都成功地从100多名应聘者中脱颖而出。经过层层选拔，面试官发现她们的谈吐和知识储备都非常出色。因为名额限制，这个岗位最后只能招1个人。公司经理决定亲自对她们进行最后一次面试。然而令人意想不到的是，通过短短几分钟的谈话，经理就决定录用小张。对此，经理很坦率地说："理由很简单，在谈话过程中，小张始终与我有眼睛的交流，而小蔡却左顾右盼，可见她并不善于和人沟通，不善于倾听别人谈话。而善于沟通、尊重对方是我们公司用人的基本标准。”

因此，这个事例说明，在沟通交流的过程中要与对方有眼神的交流，这是向对方表示尊重的最好方法。

还有一名学者也通过自己的亲身经历说明了眼神的独特力量。

有一次他在大礼堂给几百人做讲座。茫茫人海中，他很快注意到了一个女子。吸引他的不是这个女子的外表，而是她的眼神，因为长达几个小时的讲座中，这个女子的视线始终注视着他。

学者发现，即便是在讲座过程中作短暂停顿和休息时，这名女子也仍然凝望着他的脸，似乎对这个讲座的内容非常感兴趣。这使学者的内心感到很欣喜，女子专注的眼神让学者的讲话滔滔不绝，最后甚至超出了原定的讲座时限。

讲座结束后，学者不禁要去找那个女子，想和她作进一步的交流。然而当他穿过人流，追赶到那名女子之后，接连打了好几声招呼，对方都不回头，依旧朝礼堂大门匆匆走去。

学者紧赶上去，轻轻地拍了一下这位女子的肩膀。这时她转回身来，脸上露出不解的神情。学者很认真地说明了自己找她的原因。

他问道:“我的讲座哪个部分给您留下的印象最为深刻呢？”女子说道:“其实整个过程中，我并没怎么听懂。”她补充道，“您在讲台上的时候，东张西望，来回走动，我都找不到重点。”学者顿时感到很失望，也很内疚。

真实情况是，这个女子有听力障碍，因此她时刻注视着学者的脸，试图通过学者的眼神和口型来帮助理解！虽然结果并不圆满，但是无论如何，她与学者的眼神接触给学者留下了深刻的印象。由此看出，眼神在与人的交流中起着很重要的作用。

对于女性朋友来说，唯有善于运用自己的眼神，和对方进行目光的交流和沟通，才能淋漓尽致地表现出自己内心的情感。不管是在工作和生活中，在谈话的时候尽量与对方有眼神交流能给你带来意想不到的效果。

眼神能够反映内心世界。最能准确表达人的感情和内心活动的是眼睛和眼神。不论是在表达或是倾听过程中，我们都要通过眼神表达自己的观点，传递自己的情感，在交流过程中达到事半功倍、锦上添花的效果。

谈话就像传接球

顺畅自然的沟通交流是建立良好人际关系的基础和前提，是增进自己与他人之间情感的润滑剂。而不论是熟人之间还是陌生人之间，谈话都是人们进行交流沟通最直接的方式和手段。可以说，能够做到有效地避免与他人谈话上冷场或其他方面的尴尬，使谈话如流水般清新自如也是一种高超的交际技巧。

女人若要获得此秘籍，让谈话内容不至在某个时候突然陷入一种尴尬的氛围，就必须利用自己天生的魅力和后天的能力寻找到一切可以利用的机会，不失时机地让谈话能够合情合理地传递下去。所以，要想让谈话如传接球一样自然顺畅，女人应该善于理清谈话场景或内容里千丝万缕的关系，充分发挥女人细心的优势，于他人的一举一动、一言一行中寻觅到对方的生活习惯、兴趣爱好、个人素养等一些基本情况，如此谈话时方能你来我往，在你情我愿的良好氛围中让谈话自然而然地进行下去。

如果你在嘈杂的码头恰巧碰到了一个熟人，而且正好又是买的同一班的船票，那么，这时候如果你一时感到事情太突然不知从何说起，便可以就眼前的景物说开去，凡目光所及之处、双耳能闻之事皆可入话。如此一来二往，谈话的气氛和话题自然也就手到擒来了。毕竟，船上是个狭小的场所，但是我们的话题却不能囿于这场地的局限而放不开，而一旦放开，那些眼耳之外的事物如新闻时事、八卦娱乐等也皆可成谈资，不一而足。

因时制宜地谈话也是一个不错的能够将话题传递下去的技巧。比如说你到了一个朋友的家里，看到偌大的钢琴，便不妨从它开始谈起，慢慢谈及乐器、音乐，乃至现在很热门的电视音乐选秀节目等;如果你看到了一本正在读的书，你不妨谈谈这本书的故事、你的观点、作家的生平经历乃至文坛写作流派的走势，等等；如果你看到他新买了一款手机，你也不妨与他谈论一下时下你所关注的数码产品，交流一下彼此的研究心得、机器款式的优劣与选择、玩耍的技巧，等等。总之，就是一切应时应景的事物都能够让双方找到共通之处，不至于让谈话冷场。

因此，要想成为一个有魅力的女人，就必须不断地锻炼自己聊天的能力。如若想让谈话像传接球一样源源不断、细水长流，就得要有一个恰当的话题，当这个话题已经没有继续下去的必要时，则要不失时机地找到合适的机会从其中某一个联系点延展开来，巧妙地进入下一个话题中，如此一来，双方才能都有的聊，而不至于让某一方太过于表现或太过于沉默。

谈话聊天是一个互动的过程。每个人的知识架构、所掌握的信息的宽广度都有所不同，因此，要想使谈话能做到你来我往，双方都有互动的积极性，就不应该一直固定于某一个人所擅长的话题上，而是要不断地尝试寻找新鲜的话题，让所有参与谈话的人都能够畅所欲言地表达自己的观点和看法。

那么，如何才能寻找到大家都感兴趣的新鲜话题？

此时切莫紧张，亦不可生硬地去找、去套，否则只会让气氛更紧张，其结果往往适得其反。最好的方式就是所谓的“自由联想法”。

譬如，桌上的一盏灯，我们能够迅速地联想到“发明”，联想到“电影”，再到“演员”，再到“历史”，再到“现实”，再到“时事”，等等，而这一切或许都只是半分钟能想到的事。如此一来，谈话何愁不能传递？

开长途汽车的司机头疼的一件事便是在远离都市的半路抛锚。这不，事情就恰巧在某一辆车上发生了。耽误了旅客的行程自不必说，问题是驾驶员上下忙活了半天还是没有找到问题所在。正在一筹莫展不知所措时，车上的一位乘客说话了：“听这声音好像是油路出现了问题，您不妨再检查一下油路。”

驾驶员尽管将信将疑，但是多一个主意就多一次成功的机会。照着乘客的话检查了一遍之后，车子还真是油路出现了点问题。感激之余，驾驶员心中也不禁佩服起这位乘客的高超技艺来。要知道驾驶员自己也是几十年的老司机了，这一次没想到能碰到比自己还懂汽车检修维护的人。两人不禁惺惺相惜，很快便攀谈了起来。这样，你一来我一往，两人发现彼此居然都是在部队学的驾驶本领，而且更巧的是两人还都是在同一个大部队服的兵役。一时间大家都感叹缘分实在是个很奇妙的东西，来的时候挡也挡不住。就好像俞伯牙遇上了钟子期，彼此皆有相见恨晚之感。两人留下联系方式后，日后竟成了无话不谈的好朋友。

茫茫人海中，多有有缘人。说话得当，能就共同点相互问答，自然可以就自己独特的性情、广泛的兴趣和不同的生活态度与他人进行适当的交流沟通，在不否定别人习惯的前提下合理地阐述自己的观点和理念，以找到共同点和可学习的地方，使谈话的气氛轻松、自然、舒畅起来。

女人说话，要善于在细致观察的基础上择机而说；要善于在迁就的过程中不卑不亢；也要善于在掌握技巧和分寸的前提下不失时机地与对方互动。当女人能够很好地控制聊天时话匣子的开合，让所有谈话者都能参与到轻松自然的谈话氛围中时，那便是拥有了一种不可多得的迷人魅力。

想逗笑别人之前，自己先笑

随着生活节奏的加快，人们面对的生存压力也变得越来越大，随之而来的便是人际关系的复杂化。孩童时天真烂漫的笑脸唯存于记忆，取而代之的则是一张张千人一面的扑克脸和苦大仇深的苦瓜脸。面孔的冷漠化让本就扑朔迷离的人际关系变得更加难以掌控，以至于一传十、十传百，唯恐冷漠泛滥得不够深、不够广。

不仅如此，冷面孔也自然而然地给工作带来了很多的负面影响，让本可以顺利完成的事显得那么难以应对。此外，冷面孔也让原本可以温暖的生活套上了一层冷若冰霜的面纱，少了人情和温暖。因此，杜绝冷漠，让笑容带动自己嘴角上扬才是女人们不可不修炼的口才秘籍。

与冷漠类似，女人的笑容也是可以传染的。除了让人浑身舒畅、快乐无比的微笑外，那种常常能够救冷场或破尴尬的睿智而幽默的话语所带来的大笑，也是生活和工作中不可缺少的润滑剂，是让他人笑靥如花的最好佐料。

但是，若想逗笑他人，最好自己先笑。女人若能做到这点，首先让自己笑起来，然后再在镇定和放松的气氛中让他人也立马随之开怀大笑，必定是一个能带给人和睦春风而又受人喜爱的睿智女人。

一般而言，豁达乐观的女人总有办法轻而易举地逗他人开怀大笑，并在此之前自己先笑起来。这种时常能给他人和自己都带来欢笑的女人，也多半会受到大家的认可和肯定，像明星一样受到欢迎。

历史上的很多名人也同样能够将这等功力运用得活灵活现。

有一次在白宫，林肯总统会见某国的一位总统。按照正常的礼节，双方应该先握手寒暄，岂料林肯却并没有按套路出牌，而是冷不丁地冒出了这么一句话："想不到总统先生您的个头比我还高啊，怎么样，您对当总统的滋味有何感受？"

那位总统先生正要伸手握手呢，听到此话不禁暗自大吃一惊，一时间不知道林肯的反常举动到底有何意，但又不好直言说明，只好反问了一句："您觉得呢？"

"我感觉到天天像吃了火药，总想放炮！"林肯说完后就哈哈大笑起来，而他的率性和幽默也让全场的人忍俊不禁，气氛顿时轻松愉快了起来。

从传统意义上来讲，两国元首会谈，其严肃性自然是不言而喻的。尽管彼此照例寒暄握手，但那只不过都是做给外人看的表象，实际上，各自心中都有一杆秤。为了利益纷争，早就在心中厮杀得你死我活了。但是林肯总统的这种突破常规的见面方式，不仅在现场制造了一个难得遇见的小幽默，更是在活跃现场气氛的同时让接下来的谈话更为轻松畅快起来。

在生活中，如若人们都能如林肯这样突破一些让人习以为常的常规，冷不防地制造点小幽默，让大家开怀一笑，不仅有利于调动现场的气氛，也有利于双方以后关系的发展。

有这样一个小故事：作为一代国学大师，晚年的启功大师身体欠佳，总是不得已常常来往于医院。有一次启功先生又因病情住院了，而且医院还下达了病危通知书。亲友们知道后，心中都十分地难受。万幸的是，这次终不过是一场虚惊。

恢复过来后的启功先生见亲友们的神情都很凝重，心中自然是有些过意不去，便故意跟大家开起了玩笑："这几天阎王可请我喝了不少酒，因为阎王缠着我，非让我给他的阎王殿题字。我本不想与阎王交朋友，可阎王威胁我说，我若不写就不放我回来。没办法，我只好应命了。临行前，阎王还专门出来送我，还允诺将要为我增寿十年呢！"

说完启功先生立马自己先哈哈大笑起来，并接着说："哈哈哈！你们看，字写得好，也能增寿啊！"

大家见启功先生精神状态如此之好，还能说这种逗人开心的笑话，不禁释然了很多，也自然地跟着笑了起来。

启功先生的这种机智和诙谐，让亲友们一下子觉得气氛由阴转晴，让一直处于紧张状态的人们也感悟了启功先生的一种坚持和淡定的力量。

这种"胳肢"自己，让自己先笑再逗乐大家的做法被很多名人用过，事实上，无论你是谁，身处哪个国度，传承何种文化，这招都是屡试不爽的。

美国著名小说家马克·吐温曾在某一年的愚人节被纽约的一家报纸开过一个玩笑，说他其实已经去世了。一时间，他的亲友们纷纷前往他家中吊唁。但是到了他家才发现他安然无恙，正在家中笔耕不辍呢。能见到他，亲友们自然高兴得很，但是随后他们便咒骂起那家胡乱造谣的报纸来，并扬言一定要给那家报纸一点颜色看看。马克·吐温自己倒是觉得没什么，反而劝慰起他们来，岂料一时间众怒难平。见此状，他自己先大笑了起来，随后说："他们报道我死是千真万确的，不过把日期提前了一些嘛！"

亲友们顿时被他的"胳肢"逗笑了起来，怒气也平息了下去。

作为闻名遐迩的幽默大师，马克·吐温无时不在的积极乐观的情绪总是能感染周围的很多人。即使是一些消极、负面的事情到了他的嘴边也总能带出一些积极正面的味道。女人们为人处世时，亦不妨学学马克·吐温的这种先"胳肢"自己再"胳肢"别人的技巧，如此一来，再尴尬难堪的气氛都会被这种睿智的幽默所化解。

女人们要懂得通过自己的逗笑带动说话的氛围，要善于在平时的生活中广泛地搜罗趣事和幽默的资源。当女人们都能够做到不时地让自己和他人都开怀大笑时，无疑便会拥有上佳的人缘，如此，做起事情来也必定能够事半功倍了。

Part 5

不怯场！和谁都能聊尽兴

聊天虽然是再平常不过的，但其在人际交往中的作用不可小觑。当今社会，会聊天的人，不仅人缘好，也容易得到别人的信赖，就连机会都比别人多很多。你喜欢聊天吗？你有不善言辞的困扰吗？本章会助你走出怯场，摆脱冷场，让你和谁都能聊尽兴，成为众人瞩目的社交红人！

先破除当众说话的紧张感

当你看到那些在演讲台上收放自如、神采飞扬的女人时，你是否会羡慕她们那种伶俐的口齿、自然的神情以及从容不迫的睿智？当你看着那些在公众场合如鱼得水、潇洒干练的女性时，你是否也会为她们连珠的妙语、随机的应变以及强大的气场所折服？

在公众场合谈吐自然、应对自如的女人给予人的是一种深邃的魅力感。然而，在大多数人的经验中，局促、紧张甚至害怕反倒是公众场合表达方式的常见客。从心理学或精神病学的角度来说，这是一种广泛存在的“社交紧张症”或“社交厌恶症”。很多时候，我们患有此症却并不自知。

但是，不得不说明，当众发言不自在是非常正常的现象。20 世纪 80 年代，美国的研究者曾对民众做过这样一个实验，即测试“你最害怕的是什么？”令所有人都没有想到的是，“死亡”居然屈居第二，名列榜首的则为“当众发言”。由此可见，当众说话是一件多么让人紧张的事。

很多人会接着问：“为什么当众说话会如此广泛地让人感到不自在呢？”概括来说，这是人们心底所揣有的不安情绪在作祟。换言之，紧张是内心不安的情绪起作用的一种方式。当知晓了这其中的梗概后，我们所要做的便是花点时间去认识它、克服它、战胜它。

古往今来，那些在公众场合谈笑风生的人，并不是天生的可以掌控大局者。事实上，很多著名的语言大师，如林肯、丘吉尔等的第一次公众演说都是因紧张而以失败告终的。但是与生俱来的紧张并没有将他们打入冷宫，反而激励起他们锲而不舍的斗志，最终成就了他们的千秋伟业。

作为一名在全世界都闻名遐迩的物理学家和化学家，法拉第在公众场合的表达能力也同样让很多人钦佩不已。当有人向他请教时，他毫不避讳地说出了他的秘诀："他们（指听众）一无所知。"事实上，他想要告诉人们的是，当你足够自信时，你的紧张感也就自然而然地退避三舍了。所以，你尽可以大胆地说出来，而不要过分地在意他人的反应。

作为公司研发部门的得力干将，文静和芳菲都是业务能力精湛、科研水平旗鼓相当的重量级人物。但是，在性格上，两人却正好一静一动，平日里倒也相得益彰。但是很快，晋升的机会来了，科研主管的职位近在眼前，而毫无疑问，两人都成了整个部门最热门的候选人。竞争在悄无声息中进行。老板为了有一个最终的考核依据，决定让两人分别做一次个人近半年来的工作报告。平日里一向沉静的文静在做报告的时候也是一如既往地沉稳、干练，冷静中毫不拖泥带水，让人不由自主地折服于她所传达出来的踏实和自然。而轮到芳菲做报告的时候，一向风风火火的她反倒是让人有些跟她平日里的表现对不上号了。只见她行为局促，言语生硬，磕磕碰碰，词不达意。等到结束下台后，芳菲终于长吁了一口气，而她在台上的那种浑身无力、头晕目眩的症状立马也就消失了。

最后的结果已经不言自明了。芳菲因为对第一次提拔过于看重，反倒是临场发挥过于紧张，以致整场报告对她来说不是一个机会，而近乎成了一场灾难。正是这种紧张感让她败在了自己的手上。

无论是身处职场、还是享受生活的女性，拥有一种在公众场合处乱不惊的表达和应对能力都无疑能够让自身的魅力更加的光耀起来。而建立这种能力的首要条件便是破除随时可能现身的紧张情绪，而一旦紧张被打入冷宫，女人的暖春也就随之到来了。

要破除这种紧张感，在众人面前说话时做到自然自如，克服言语失控和怯场的缺点，可以尝试从以下几个方面来进行合理的心理和实践训练。

1. 自我放松，“目中无人”

当众说话前如果过分地关注自己的言辞可能在大家心中留下的印象或产生的效果，必定会在主观上太过于患得患失，紧张的情绪自然也就随之而来了。此外，专家指出，过分紧张会导致说话者呼吸紊乱、大脑缺氧，更进一步地加重紧张感。所以，让全身处于松弛状态，以轻松愉悦的心情与大家进行交流沟通，不仅可以缓解紧张感，更能够让大脑愈发地灵活自如，说起话来自然也就更顺风顺水。

此外，这种放松还要求说话者能够如艺术表演者一样做到“目中无人，心中有人”，即说话的时候注意力要集中在自己的言谈内容上，但是心中也要从听者的角度出发，以他们是否能够接受以及接受度为基本点，如此方能成全他们，成就自己。

2. 注重积累，多做准备

对于在公众场合说话紧张的女性来说，有部分是因为自己素材太少，在面对众人时带不起来话题，以至于时不时地陷入无话可说的尴尬境地。因此，我们应该在平日里多注意他人聊天的话题和方式，琢磨哪些是吸引人的。当有一天需要我们在众人面前扛起热场的大旗时，我们便有了胸有成竹的自信和能力。

3. 语速适中，语调恰当

我们往往都有这样的感觉，越是紧张的时候，说话的语速就越快，而这时候也就越是磕磕碰碰、词不达意。如此，紧张和胆怯显露无遗。因此，要克服说话紧张症，在公众场合说话时，要不断地提醒自己放慢说话的速度，这样可以避免声音颤抖。另外，也要注重改变语调因紧张而凸显出的一成不变式的高亢或低沉，尽量让自己的语调随着言语内容的改变而生动起来。假以时日，这样的练习也就自然而然地成为了你说话的一个习惯，不用刻意为之就能够谈笑风生了。

4. 积极参加集体活动

越是紧张的人，越是对集体活动有一种本能的逃避。但是，有证据显示，经常参加集体活动的人，身体内的生理机能和血液循环都会加速，心理也会随之打开，负面情绪更会被宣泄或消化掉。而当一个人传递给他人更多的正能量时，人际关系也会变得更和谐，交流起来也会更融洽、阳光。在这样的氛围中，因紧张或焦虑而说不出话来的情况自然也就不复存在了。

公众场合，口角生风的女人给予他人的是一种统领全局的大气和美丽，破除紧张感的束缚无论是对于职场中的女性还是生活中的女人来说，都是不可或缺的一项基本技能。甚至从某种程度上来说，当一个女人能够在众人面前侃侃而谈、掌控大局时，她的魅力和光彩是无人能及的。

学会没话找话，才会不冷场

说话的水平一定程度上决定着人生的质量！作为人际交往最重要的方式，语言成为了说话时必须娴熟掌握的一门工具。因此，修炼好对语言的掌控力也已然成为了女性朋友们的一种必备的人生能力。

“社会是人际关系的联络网，主要靠沟通活动来维持。”人类学家沙勃的这句话道出了人际交往过程中沟通交流的不可或缺性。人的社会性要求每个人在建立熟人圈的同时，必须能够淌过与陌生环境、陌生人的沟通之河。而要让沟通的气氛和谐，快速而有效地让生人变熟人、路人变朋友，就必须掌握能够有效避免冷场的“没话找话”的本领，在自如地掌控语言表达的同时，达到从容潇洒地与他人沟通交流的效果。

熟人见面，多以“吃了吗？”寒暄打破沉寂，随后话题自然由此引申开来。倘若大家见了面一声不吭，不管是什么原因，都多少会让人心生疙瘩，久而久之，形同陌路是必然的结局。

现代社会，“最近身体怎么样”或一句干脆简单的“你好”成了人们之间开启话头、拉近距离的基本用语。人们对这样的问话并不期望得到一个肯定或否定的回答，而只是想从中寻找到言谈的气氛，让彼此能够找到一种速成的亲切感，如此接下来的聊天谈话才有了一个良好的基础。

“没话找话”是一种难能可贵的本领。拥有此项技能的女性必定是打破僵局、活跃气氛的高手，具备无可匹敌的掌控大局的能力。生活中能够驾轻就熟地“没话找话”的女人给予人的是一种亲和、活泼和可爱的气质，职场中游刃有余地“没话找话”的女性给予人的是一份灵动、大气和睿智的气质。“没话找话”赋予女人的是一种独具魅力的气场，让其能够在吸引他人注目的同时为生活增添绮丽的色彩，让工作平添沉稳的安全感。

生活中的小芳是个人见人爱的姑娘。很多人都会自觉不自觉地愿意与她做朋友，因为她总是能够于平凡的言语中轻松地寻找到与他人的共同爱好。即使是第一次与陌生人交谈，小芳也总能够不费什么力气就很快与对方聊到一块去。

这不，最近某省电视台的一档歌唱类选秀节目播出后引起了广泛的热议，一次活动时小芳和几个年龄相仿的陌生人坐在一块时，小芳自然而然地打破了几乎快要凝固的气氛，说道：“最近你们看过《中国好声音》吗？大家对里面的选手怎么看？”

刚刚问完，大家就都七嘴八舌地说开了。一时间有说喜欢这个的，有说喜欢那个的，也有说某某导师的点评真不错，某某导师真的是很爱才，某某又是怎么地搞笑，大家你一言我一语地聊了起来，气氛一下子就活跃起来了。

在不同的场合与不同性格或群体的人迅速找到共同的话题是小芳的秘密武器。大家都是年轻人，对娱乐类的新闻或节目自然是少不了关注的。小芳正是抓住了大家最关注的焦点才让谈话的氛围瞬间热烈了起来。

所以，面对陌生人的时候，要学会没话找话，迅速聚焦大家都最关心和最感兴趣的话题，如此一来，尴尬的局面便会不攻自破；接下来，就是大家七嘴八舌，尽情“语花”四溅的时候了。

作为餐厅的一名服务员，宛茹深得老板、同事以及顾客的喜爱。不论是熟人还是陌生人，在与她相处的时候，总能体会到一种很舒服的亲切感。有人就很好奇地问她是怎么做到这点的。宛茹微笑着说，身在服务行业，每天都会接触社会上各行各业形形色色的人，尤其是餐饮这一行，要想让大家的心里都感到舒坦，就必须要求自己能够没话找话，主动找对方谈话，要做到自来熟。人心都是肉长的，顾客花钱买的就是舒坦，你服务到位了，他们自然也就觉得受到了尊重，觉得一切都是值得的。

因此，身处职场的女性，应该具备在多种场景下与领导、下属以及客户无障碍沟通的本领。如若总是相看两眼、相顾无言，久而久之，冷场的不仅仅是一两次的生意交谈，而是一个人的职业生涯甚至是仅有一次的人生了。

所以，锻炼好自己“没话找话”的话匣子，在某种程度上左右着人生脉络的走向。具体而言，要想真正地修炼成掌控谈话时局的高手，就应该善于“借事生题”“即景生题”“由情入题”，等等，从一件小事、一个细节、一份微妙的情感中捕捉到话题信息，“抽线头”“插路标”，借助于这些隐匿背后的所共有的媒介物，引出对方的话茬儿，准确而迅速地找到彼此间的共同语言，高效地缩短与对方的距离。

从更精细的层面上来讲，我们可以尝试从以下几个方面入手。

1. 投石问路

但凡第一次与陌生人交谈，都不太好把握住对方的习性品味。因此，在寻找到目的性的话题之前，不妨尝试着先向对方的河里投几个试探性的石头，以大概明了哪些地方水深，哪些地方水浅。比如，在朋友的婚礼酒席上，你的邻座正好是一位你不认识的陌生人，你便可以试探性地问他："你是男方的熟人还是女方的熟人？"而无论对方给你一个怎么样的回答，你的问话都可以继续下去。

2. 率性而谈

这里所说的率性，指的是率真的即兴。也就是说，要善于利用天、地、人等适时的话题引起别人的谈话欲。具体而言，就是要留意到对方的姓名、年龄、穿着、样貌，把握好谈话的外部场景、天气、地域等信息，由某一个符合时宜的点引入，既灵活又自然，效果自然立竿见影。

3. 兴趣展开

打开"话面"后，得有让话匣子继续传递下去的能力。此时的"没话找话"则应该从对方的兴趣"开涮"。简单地说，如果对方喜欢三国杀，则可以就角色和技能部分展开讨论，或者谈一谈自己遇到过的经典"战役"，彼此正好也有个交流和学习的机会；倘若对方对理财感兴趣，则可以谈一谈股票、期货、好用的理财软件，等等，总之就是"投其所好"，并借此开阔自己的视界。

总体而言，"没话找话"的女人能够给人一份格外的亲切感和舒适感，让他人无论是在工作的谈话中，还是闲暇的聊天中，都能够拥有一种不可多得的轻松感，让他人在无惧压力的同时也体味到了女人身上独特的睿智和四散而开的魅力。而这，不是每个女人都希望拥有并做到的吗？

读心会让人感觉更“知心”

对于女性而言，要想获得家庭与事业的顺利发展，就要学会处理各种复杂的人际关系。唯有如此，女性才能获得更多的支持和肯定，从而远离各种人际关系的隐患。而在日常人际交往中，维持和谐关系的关键不仅在于掌握各种沟通技巧，更在于读懂人心的智慧，按照他人喜欢的方式与其交往。

人与人的交流，如同照镜子，你对着镜子笑，镜子就对着你笑；反之，你对着镜子发脾气，那么镜子也不会给你好脸色。如果你想在沟通过程中获得他人的微笑与肯定，就应该用自身的真诚去感动对方。然而，由于每个人的成长环境、社会环境存在着各种差异，每个人的性格和想法也往往有着天壤之别。想要与他人达成良好的沟通，不在于你的语言有多么华丽，也不在于声音的婉转动听或姿态的优雅大方，而在于你倾注了多少感情和真诚。

然而很多时候，我们像一个矛盾的综合体，自己戴着面具，却又想揭开别人的面具。曹雪芹认为：“万两黄金容易得，知心一个也难求。”想让别人对你付出诚意，你得先拿出真心。 因此，当我们与他人相处时，最重要的是读懂对方的品性、性格、习惯和需要，等等，只有这样，我们才能更好地与对方

沟通。要知道，面具虽然帮助我们逃避伤害，却也让我们错过了真心。作为女性，更要学会读懂对方内心真正的想法，在知己知彼的基础上，建立起良好的人际关系。

有这样一则寓言故事：大门上挂了一把非常坚实的大锁，一根铁杆费了九牛二虎的力气，还是无法将它撬开。这时，钥匙来了，它瘦小的身子钻进锁孔，只轻轻地一转，大锁就“啪”的一声打开了。铁杆不解地问：“为什么我费了那么大的力气也打不开，而你却轻而易举就把它打开了呢？”

钥匙回答说：“这是因为我最了解它的心。”

人与人之间的关系也是如此，人心就如一扇被上了锁的大门，若是不了解锁眼中的构造，即使用再粗的铁棒、用再大的力气也是无法撬开的。唯有读懂对方，才能把自己打磨成一把最精确的钥匙，打开对方的心灵大门。

知人之所以不易，是因为人本身的复杂性。而由于每个人各自的价值取向不同，或者常常按照自己的喜好去判断人或事物，我们在识人时总会出现这样或那样的失误或偏差。因此，要了解、读懂对方，就要注意由表及里、由此及彼地去观察对方，并透过现象看本质，通过一些别人难以注意到的细节去关注对方的真心。

某日，著名相声表演艺术家姜昆来到广州参加一场演出。演出结束后，众多媒体争相上前采访，却都被一一谢绝。然而就在大多数记者想要打道回府之际，有一位女记者叩响了姜昆的房门，在姜昆正要拒绝时，女记者连忙说道：“姜昆老师，我对您的表演也很欣赏，我也知道您很累很忙，但是，我想就您演出时的一些细节性的问题，提一些我的不成熟的看法，因为时间实在紧张，所以只好冒昧在这里提了……”女记者并没有同其他记者一般，上来就是一阵夸赞，而是来提建议的，这让姜昆感到了女记者的一丝心意，于是便十分热情地接待了她。

这位女记者的聪明之处就在于此。她深知姜昆作为一个知名艺术家，对各种吹捧和赞美都已经司空见惯了。相反，那些反对的声音或者中肯的建议更能吸引他静下心来接受采访。因此，在与人交谈的时候，关键还在于如何把握对方的心理需求。否则，再华丽的赞美也丝毫无法打动对方的心。

当然，要做到这些，并非一朝一夕的工夫。这需要我们在日常生活和工作中，仔细观察周围的人或事，从而获取潜在谈话者感兴趣的话题。而美国前总统罗斯福就是一个深谙其中奥秘的人，在和对方谈话的前一天晚上，罗斯福总会仔细翻阅有关对方感兴趣的材料，这样在第二天正式交谈时，他总能轻松找准话题，与对方产生心灵上的共鸣。哥马利尔·布雷弗曾经在一篇文章中这样写道："无论对方是一名牛仔或骑兵，还是纽约政客或外交官，罗斯福都知道该对他说什么话。"

所谓"同声相应，同气相求"，同样的声音能产生共鸣，同样的气味会相互融合。女人们若是想把话说到别人的心坎上，就要了解对方的心思，注意投其所好和避其所忌。而一旦你说的话与对方的心理相吻合，听话者就乐于接受；反之，厌烦就会不请自来，而你所能做的，也只能是识趣地"退避三舍"了。

想聊得成功，先找到共通之处

与陌生人第一次见面，人们的表现也是千差万别。有些人生性羞怯，谈话也就无从谈起；有人愿意与人交流，却也总是感到局促或约束，似乎是没有谈话的兴趣，其实大多数时候是找不到合适的谈话主题，而往往在这时候，勉为其难地说些生硬的话，常常给人以不够热情的感觉，甚至造成对方的误解，而造成这种现象的一个重要原因便是没有不失时机地找到双方共通之处。

古语有云："物以类聚，人以群分。"对认同感的获取是人类的天性。女人在与他人交流沟通时，更是需要这种天性不失时机地充分展露。而要做到这点，女人们就必须在不同场合和不同的时间里恰如其分地寻觅到彼此间的共通点，也即是双方相同或相近的地方，比如服饰、言语、喜好、动作、经历、观点，等等。唯有寻求到真正的共通，才能让沟通大获成功。

美国第40任总统里根曾于1984年5月来华访问，其间他被邀请到上海复旦大学为学校的师生作一次演讲。在偌大的教室里，面对初次见面的100多名师生，里根总统巧妙地用一句话一下子拉近了与所有在场聆听演讲的师生的距离。他是这样开始他的演讲的：

“实话实说，我和贵校的关系非同一般。你们的校长谢希德先生与我的夫人南希是美国史密斯学院的校友。既然他们彼此都是校友，那么作为与他们都有着紧密联系的我们，自然也都是朋友了。”话音甫落，现场立马爆发出了热烈的掌声。随后的演讲和讨论也都进行得热烈而融洽，让每一个经历过此的人都难以忘怀。

短短的一段开场白，让在场的所有人一下子感受到了这位碧眼高个的美国总统的亲切与随和，以至于大家都开始在心里把他当成自己的朋友了。

共通点的寻找至关重要。共通点是打开与陌生人良好沟通的利器，是增强相互认知的绝妙引线。把握住了彼此间的共通话题，不仅能够让瞎聊变得轻松而愉悦，也能让双方从中真正地获得交流的心得体会，进一步寻找到深层次的认同感和归属感，如此一来，关系自然也就更进一步了。

有一个小品节目，说的是在一家婚介公司门口一对男女之间发生的故事。当时他们正在排队进婚介公司，意欲登记自己的信息，寻找到合适的对象。两个人在那里等了一段时间，因为彼此都不熟，所以气氛很尴尬。也许是实在忍受不了这样的氛围，男主人公终于对女主人公开口了：“你紧张不？”那个年代，来婚介公司寻找另一半的人岂有不紧张的道理？所以，场面一下子就打开了。你给我参谋下我的穿着，我帮你把关下你写的自我介绍，最后越谈越深，彼此都逐渐地聊到了各自的家庭、对征婚的要求，等等，最后他们发现彼此都很符合对方的要求。小品的最后，男女主人公已经没有进婚介公司的必要了，因为他们终于发现，原来等待了这么多年，对方就是自己要找的那个携手一生的人。

艺术高于生活，但也始终是源于生活的。这个小品中讲述的故事是一个典型的“先找到共通，再聊得成功”的例子。去婚介公司，自然都是以寻找到人生的另一半为目的的。而寻找不只是填张表格那么简单，更重要的还在于彼此间的沟通和交流。所以，当他们鼓起勇气打破沉寂，就彼此共通之处聊起来时，正映衬了那句流传千古的名言："蓦然回首，那人却在灯火阑珊处。"

要想找到共通的话题，并不如想象中的那么艰难。很多时候，那些朴实而简单的话语往往都能够让彼此拥有共通之感，甚至发展到最后，成为莫逆之交，大有相见恨晚、惺惺相惜之感。

小萍是一名尚未毕业的经济学专业的大学生，小玉是一名法院的工作者，很偶然的一次机会，他们在朋友的婚礼上相识了。寒暄之后，小玉便聊起了自己曾经经手的一个案件。说到这里的时候，两人便就此案件反映出来的社会不正之风发表了各自的看法，发现彼此对很多问题都有很相同或相似的观点。随着交谈的不断深入，小萍和小玉发现彼此之间的距离越来越近，共通点也越来越多，大有俞伯牙遇到钟子期之感。

一个好的共通点可以引出更多共通的话题。如此，尴尬的局面不攻自破。但是，在与人交谈时，究竟该如何迅速抓住彼此的共通点呢？以下几点可供参考。

1. 从他人的介绍中猜测到共通点

当彼此都有一个共同的朋友时，双方见面是迟早的事。作为中间人，双方共同的朋友必定会为彼此的初次见面相互做个简单的介绍。从这个简单的信息中，有心人便会发现或猜测到很多有价值的要素，比如对方的身份、工作单位、个性特点、兴趣爱好，等等，最起码彼此还有一个共同的朋友。当你在极有限的时间内把握这些信息点后，交谈的延伸便成了轻而易举的事。

2. 用试探性的话语寻找共通点

当彼此没有朋友介绍时，积极主动的表现对于打开谈话的局面便显得尤其重要。比如同去医院就诊，排队之际，你便可以主动打破僵局："听大姐您的口音，不像是本地人啊？"基本上对方对于这种问话都会主动报出自己的老家所在地。然后你便可以就此展开话题，甚至就彼此看的病展开深入的讨论。如此一来，你不但可以得到很多有关疾病、医院等的信息，还很有可能交往到一个不可多得的朋友。

3. 用犀利的眼神寻找到共通点

一个人外在的穿着、精神面貌、言行举止都或多或少能够反映出其内在的心理状态、精神追求、学识修养等。比如在火车上，那些静静看书的人兴许就是个文学爱好者；那些谈笑风生的人或许就是享受旅行者；身材健硕的说不定是运动员或者健美爱好者；穿着考究的人说不定是公司白领或者高层领导人。凡此种种提供给我们的信息都可以成为聊天的切入口，只要你对此感兴趣，寻找到共通点几乎就是分分钟的事。

4. 以共通点寻找共通点

谈话的初级阶段，寻找到一个共通点并不是什么困难的事。但是，要想使得谈话能够深入下去，就必须以此为基础，寻找到更多的可以进行下去的点。这些点可以是宏观上的，比如彼此面临的共同的生存环境、类似的工作任务、人生的规划走向；细节上的生活习惯、个人喜好、穿衣风格、饮食偏好，等等。只要你足够细心，无话可讲的局面是不会不请自来的。

对于女人来说，聊天的成功与否，很大程度上取决于自我对谈话时有限信息的把握，对天、地、人各要素的权衡和观察，对自我在当时环境下的定位。所有的即时信息要素都能够折射出他人与自己可能存在的交集，而唯有切中彼此的要害，方能将共通点延伸、放大或深入，如此一来，不论是与熟人还是陌生人聊天都成了一个女人生活中游刃有余的事。

好的话题，才有的聊

在社交场合中，人们一般喜欢和那些与自己有共同爱好的人交往，如果两个人情趣相左，则较不容易相处。因此，女性朋友若是希望自己的交际能够成功，不妨从寻找好的话题切入。卡耐基也曾经说过，如果想要和他人顺利沟通，并成功地获得他人的好感和认同，最好的方法就是和对方谈论他感兴趣的话题。俗话说："一句话能说得人笑，一句话能说得人跳。"可见，即使是一句简单平常的话，也会隐藏着非比寻常的力量，这便是言语的力量。

女性朋友们在与人交谈时，话题的好坏决定了双方沟通质量的高低。如果选择的话题不能引起对方的兴趣，那么谈话就很难继续下去。因此，在选择话题时，要尽量照顾到对方的兴趣所在，利用这些兴趣，你和对方常常能建立起良好的关系，从而避免聊天中出现无话可说的尴尬局面。

然而，大多数人常常认为好的话题就是指那些幽默风趣、惊险刺激或怪诞恐怖的事件。于是，在谈话之前，我们就开始在脑子里搜索此类的话题。事实上，人们除了对一些奇闻趣事感兴趣，更为在乎的是与自己息息相关的话题。所以，我们在选择话题时，大可不必画地为牢。

有一则这样的故事：有一个人以伶牙俐齿见长，无论与谁说话都能谈笑自如。大家都很羡慕他，于是问他有什么诀窍，他说："这很简单，你只要观察他是什么样的人，对什么东西感兴趣，然后你和他谈他感兴趣的东西就可以了。比如，对方是屠夫，你就和他谈猪肉；如果对方是厨师，你就和他谈菜肴。"大家又接着问："那如果屠夫和厨师都在场怎么办？"他说："那我就谈红烧肉。"

因此，我们不必在聊天话题的选择上作茧自缚。在这个问题上，我们可以参考借鉴国外一些保险公司业务人员的做事准则。

那些业务人员都会在开展业务时遵守一个原则：在与顾客交易之前，必须先具备面对任何人都能开口说话的胆量和本领。就如一位学者所说的："如果你能和任何人连续聊上 10 分钟而又能让对方发生兴趣，你就是最优秀的交际人物了。"也就是说，你必须想办法让对方对你的话题产生兴趣。

美国俄亥俄州一家人寿保险公司的业务员说："从事我们这一行，每一个人都想和别人取得更进一步的认识和了解。但是有些人彼此面对面，却不知道如何寻找话题。其实，只要有心与别人接触，话题实在多得唾手可得。"

杜维诺父子公司的杜维诺先生也是一位善于通过聊天做生意的高手。连续 4 年的时间，杜维诺先生一直努力将面包推销给纽约的某家饭店。他不仅每天都打电话给该饭店的经理，还去参加过该经理的社交聚会，不仅如此，他还住在该饭店的房间里，以便做成这笔生意。但最后，他都失败了。

杜维诺先生说："在研究过为人处世之后，我决定改变策略。我决定要找出那个人最感兴趣的是什么——他所热衷的究竟是什么。

"后来我终于发现，他是一个叫做'美国旅馆招待者'的旅馆人士组织的一员。不仅如此，由于他很热情，还被选为主席以及'国际招待者'组织的主席。不管会议在什么地方举行，他都一定会出席，即使是跋涉千山万水。

“因此，这次我见到他时，我就开始和他聊他的那个组织。我看到他的反应是那么的强烈。我们聊了半个多小时，都是有关他组织的，他非常高兴。我可以看出来，那个组织是他的兴趣所在，是他生命的火焰。在我离开他的办公室前，他还送了一张他组织的会员证给我。

“虽然我一点也没有提面包的事，但几天后，他饭店的厨师就打电话给我，要我将面包样品和价目表送了过去。

“‘我不知道你对我们的老先生做了什么手脚，’那位厨师对我说，‘但你真的把他说动了。’

“想想吧！我缠了那个人 4 年。如果最后不是我发现了他的兴趣，和他聊他感兴趣的话题，可能我现在仍在缠着他。”

在与他人交往的过程中，大多数人都希望与他相处的人能够有着广泛的兴趣。如果可能的话，你应尽量迅速找出对方最感兴趣的事，并以此为切入点去接近对方。即使没有机会去获取这方面的信息，也该尽可能选择对方最感兴趣的去聊。唯有让对方对你的话题产生兴趣，聊天才能顺利进行。

然而值得注意的是，女性朋友们在谈话的过程中也要尽量回避一些话题，比如，一些敏感性较强的话题、特别容易引起争端或争议的话题。不要在公开场合无所顾忌地谈论对方的某些缺点或隐私，不要对自己不了解的东西假装内行、信口开河等；此外，说话时要注意拿捏好沟通技巧，让自己成为一个具有说话魅力的现代女性。

提问会让对方越说越兴奋

在人与人的交流过程中，双方的良好互动是实现有效沟通的必要条件。在我们和别人进行谈话的过程中，不断引导对方，向对方提问，才能使对方感到话题越来越有意思，越来越爱说，越来越有兴趣。

因此，当我们和别人谈话时，通过不断提问，会让对方越说越兴奋。这对谈话的顺利进行以及达到预期的谈话目的都很有帮助。不管是在职场，还是在生活中的女性，都需要掌握这项说话技巧。

女人在和他人谈话的过程中，要不断地引导对方对自己的问题做出回答，这样就能够使谈话的气氛越来越活跃，越来越热烈。曾经有一项心理学研究表明，人们往往在不断思考并且不断做出回答的时候，注意力更加集中，大脑的神经活动也更加活跃。相反，如果人们只是单纯的听话而不进行处理和思考加工的话，大脑的注意力会更容易分散。因此，合理控制谈话内容，不断提问，不断引导对方回答，会让对方更容易投入谈话过程中，和谈话者产生更多的交流，对整个谈话产生更多的兴趣。

张红是一家大型跨国公司的营销经理。一家大型的生产加工工厂不久前刚刚在她所主管的营销区域内落成。张红经过仔细考察后认为，这很有可能会成为公司未来的一位大客户。为了得到这个潜在大客户的信任和注意，张红曾经费尽周折，一连好几个月，不断跟这家工厂的负责人洽谈，费了很多口舌。最后终于签订了一笔订单。不过张红并不是很满足这样的销售业绩。她非常期望能和这个客户达成长期的合作协议，希望能有更多更大的订单签订下来。但是这必须使对方对自己的产品有深入的了解，能够和自己有深入的洽谈，否则便是天方夜谭。

为了达到这个目的，在过了几个星期后，张红决定再次前往那家工厂，和负责人进行进一步的接触，希望能让对方签下一笔更大的订单。张红来到工厂，她遇到负责项目采购的总工程师之后，对方开口便对张红说："张女士，非常抱歉，我们工厂可能再也不需要你们生产的电动机了，你可以离开了！"

张红听后，感到十分惊讶，她马上追问对方："为什么会这样呢？是哪里出了什么问题吗？"

工程师冷冷地解释说："是因为你们的电动机转动时发热太多，热到我都不敢把我的手放上去。"

张红听后，根据她做销售多年的经验，心里知道这时如果和那位工程师据理力争是不能解决问题的。因此这时张红立即转用语气更加柔和的谈话方式，谈话过程中通过不断地发起提问，引导对方不断地回答，让那位工程师越来越有兴趣听自己的产品介绍和推荐。

经过这样几个简单的回合之后，工程师明显开始对张红的产品产生了进一步了解的兴趣。之后，他们又进行了一番热烈的讨论。谈话结束后，那位总工程师便叫来他的秘书，和张红当面签订了下一笔订单，约定在下月中采购张红公司总共价值5万元的机械设备。

不难看出，在这个事例中，张红通过不断的提问，让对方从一开始的毫无兴致变得越来越有兴趣，越来越对整个谈话产生期待，越来越愿意投入这场谈话中。

早在2000年多年前，希腊的大哲学家苏格拉底就曾采用过这种谈话方法。后人将这种哲学方法命名为“苏格拉底式的辩证法”。这种辩证方法就是在谈话中，通过不断向对方提问，不断产生共鸣，使整个谈话气氛越来越活跃。

女人不论是在职场竞争还是在家庭生活中，都随时会需要和自己的上级或者家人沟通交流。如何巧妙地使用说话技巧达到自己的预期目的往往是问题的关键。在看了这篇文章之后，不知你有什么收获？

用模糊的话处理不小心的尴尬

平时说话我们都力求把语言表达明白、清楚，这是交际的需要，但在一些场合常常会出现意外事件，如果不能妥善处理，就会使人难堪。遇到这种情况时，要想化解难堪和尴尬，不妨机智地用模糊的话来处理，适当地装装糊涂，反而能够巧妙地解决问题。

一次，一位 30 多岁的妇女在宴会上突然要她邻座的女子猜她的年龄。那个女孩深感为难，只好借用模糊语言说：“以您年轻的样子，应该减去 10 岁；但以您的智慧，又应该加上 10 岁。”这样的回答虽未确切说明女士的年龄，却收到了极好的表达效果。巧妙的假设，化解了尴尬，为宴会增添了快乐的气氛。如果不借助模糊语言，而是夸大或是过于缩小女士的年龄，都会让女士不开心。

我们也经常会碰到类似的情形，同事穿了一条新裙子，自觉漂亮，在你面前得意地转了一圈后问你：“美吗？”你不仅不认为美，还觉得有点难看，但碍于情面，怎么可能直言啊！于是你可以含糊其辞地回答：“还好！”只要对方稍有灵气，便能体会这句话的真正含义。

模糊语言经常被政治家广泛运用，高明的政治家说话上有一个共同的特点，即含糊其辞。顾维钧曾担任驻美公使，有一次，他参加了一个国际舞会，与他一起跳舞的美国小姐突然问他："请问你是喜欢中国小姐，还是喜欢美国小姐？"

这问题很不好答，若说喜欢中国小姐，势必得罪了舞伴。如果说喜欢美国小姐，又会有失中国公使的尊严。

顾维钧灵机一动，回答说："不论中国小姐或美国小姐，只要喜欢我的人，我都喜欢她。"

这个回答，既得体又贴切，不卑不亢，令人信服。

生活中也一样，有时候话说得过于明白真实，反而不会达到好的效果。如果能够说得模棱两可，反而会起到更好的效果。在一些不必要、不可能或不便于把话说得太实太死的时候，利用模糊语言会让你的表意更有"弹性"。当你遇到一些怎么回答都不对的问题时，也要想办法用模糊语言巧妙地避开。

有这样一个善于闪躲质问的女人，她回避问题的本领简直令了解她的人想大喊一声"太妙了"。例如，如果有人问她："你可曾读过《堂吉诃德》？"她会回答："最近不曾。"其实她根本没读过。

另有一次，有人问她可曾读过但丁《神曲》中的地狱篇，她回答："英文本没读过。"旁人不禁肃然起敬。她这句百分之百的真话会让人产生两种误解：她读过这诗篇，她精通14世纪的意大利文；她是文学纯粹主义者，不屑读翻译本。真是高明，不失形象却又回答了问题。

阿根廷著名足球运动员迪戈·马拉多纳也是运用模糊语言的高手。马拉多纳在1986年的世界杯上和英格兰球队相遇时打入的第一球是"颇有争议的手球"。据说墨西哥一位记者曾拍下了"用手拍球"的镜头。

后来，有一位记者问他，那个球是手球还是头球时，他机敏地回答：“手球一半是迪戈的，头球一半是马拉多纳的。”马拉多纳是在故意装糊涂，但是却颇具心计，倘若他直言不讳地承认“确实如此”，那么无疑承认了这场比赛的不公正性。但如果不承认又有失足球明星的风度。这妙不可言的“一半”与“一半”，等于既承认了球是手臂撞入的，颇有明人不做暗事的大将气概，又在规则上肯定了裁判的权威，具有君子之风。

当你碰到一些很尴尬的情景时，不要忘了把糊涂语言派上用场，它是你走出窘境、维护美好形象最好的策略。

有一次一家旅馆招聘侍者，前来应聘的人很多。老板想考考他们：“有一天当你走进客人的房间，发现一女子正在裸浴。你应该怎么办？”

众人都抢着回答，有的说:“对不起小姐，我不是故意的。”有的说:“小姐，我什么都没有看见。”老板听后不停地摇头，这时一个小伙子走上前说：“对不起，对不起，先生。”结果他被录用了。

这个小伙子就是巧妙地使用了模糊的语言，使客人得到了心理上的安慰，同时也得到了老板的信任。

由此可见，在与人交流时使用模糊语言的重要性。亲爱的女性朋友，生活中，当你陷入窘境时，不要惊慌，机智地找到帮你体面脱身的模糊话，你就不会有颜面尽失的尴尬。

适当"留白"，谈话间的自然调整

书画艺术中的留白，给人带来了无限的遐想空间，大大增加了书画本身表达的余韵。谈话中也要注意"留白"的艺术。我认识一个女孩小静，每次见面，她就像喝了会说话的酒，似乎没有终结的意思，她始终是谈话主角，让人没有插话的余地，听者往往并不买账，还送了她一个绰号"话篓子"。其实，言语如江水滔滔并非口才好，有时，反而会让人产生反感。所以，有时候，适当的留白——缄默、停顿、间隔、欲言又止等——是很有必要的，甚至能收到"以少胜多、以无胜有"之效。

琪琪的姐姐、姐夫出国进修，把 12 岁的儿子交给琪琪照看，并嘱咐道："欣欣最喜欢听恐怖故事，你就每天给他讲一两个吧，免得他上网玩游戏。"可才几天时间，琪琪就苦恼了：故事情节那么曲折，魔鬼的形象描绘得那么狰狞，妖怪的叫声模拟得那么逼真，怎么就抓不住外甥的心呢？姐姐在电话中指点说："你在讲到最紧张的时候，停一下看看。"知子莫若母，外甥在周记中写道："小姨现在讲故事和妈妈一样刺激、精彩了。情节最紧张、最恐怖的时候，她突然停住了。这时，我好像听到了自己心跳的声音，感觉头发在一根根地竖起来……”

这里的突然打住，一方面是在制造悬念；另一方面是把情感体验的空白留给了听故事的小外甥，唤醒的是他丰富的想象。试想一下，语言描述的和想象中的鬼蜮世界，哪一个更阴森、恐怖？况且，鸦雀无声的环境还能渲染恐怖的气氛呢。

英国的一位议员在一次关于建筑工人的演讲中，突然停顿下来，取出怀表，站在讲台前一声不响地看着听众，时间长达 20 秒之久。正当听众迷惑不解时，议员说：“诸位刚才所感觉到的局促不安的 20 秒，就是普通工人垒一块砖所用的时间。”

这位议员用停顿的方式表现演讲内容，设置悬念，吸引听众的注意力倒在其次，更重要的是它巧妙地借助了人们的心理错觉，强化了听众对于工人劳动时间和劳动强度的认识。谁都知道，局促不安中的 20 秒，和平常的 20 秒给人的感觉绝对不是一样长。高，实在是高！难怪当时伦敦的各大报纸争相将此事当新闻刊登。

所以，说话中的间隔不是真空，沉默也不是一言不发的“闷葫芦”，留白之中，蕴含着丰富的潜台词。巧妙运用，能让你的语言锦上添花。

细心的女人一定会发现，生活中那些成熟稳健的长者，讲话都很抑扬顿挫，同时也都慢吞吞的。这些人说话，都会不时地留下一些空当。当他们提到妈妈养育小孩的辛苦时，一定会停顿一下，因为要让你有空当回想一下自己的妈妈；然后你会感觉像在跟他们聊天一样，自己就在心里默默点着头，默默说着：“是啊……是啊……”

还有大家所喜欢的韩剧、日剧里面，做出动人爱情告白的男女主角们，话都是说得断断续续、欲言又止的，才更显得柔肠百转、柳暗花明。你随便把他们任何一位的深情表白变成三倍速快转，立刻全部变成卡通人，韵味完全消失。

“喋喋不休”和“口才好”，完全是两件事。跟一个寡言的人共处 1 小时，是会很沉闷；但跟一个喋喋不休的人共处 10 分钟，你有时都会想掐死对方了。说话像机关枪而且很得意的人，也许可以试着改用比较古老的兵器：拉弓→放箭，拉弓→放箭。留一点空当，让听的人消化，只要你的话值得一听，不用担心，对方一样会见识到你的威力。

于美人正是认识到了这两点的区别，才成就了今天的美名。

在台湾演艺圈中，于美人亲切热诚、妙语如珠，和观众几乎没有距离。

从台北市南阳街补习班国文老师出身，再到绿色和平电台担任广播主持人，最后被挖掘进入电视圈。一路看似平步青云，不过她在《于美人黄金说话课》一书中坦承，她从小就喜欢说话，不过“喜欢说话”和“擅长说话”毕竟是两回事，她也是经历过许多次的跌跌撞撞和吃了几次亏后，才学会更多谈话秘诀。

例如，刚踏入电视圈，于美人一直认为电视台付钱请她来当主持人，就是希望她多说话。但这样的迷思，却被和她一起主持“名人三温暖”节目的赵树海打破。

赵树海提醒她，想把节目做得长久，就要让来宾多发挥。于美人这才戒除“自说自话”的毛病。她也从赵树海身上学到，在话语之间创造“留白”，更能迅速酝酿来宾情绪。

伶牙俐齿的姐妹需要注意了，谈话时“用墨”太多，连珠炮一样轰炸别人的头脑，语言再漂亮也徒然惹人厌烦；给谈话留个空白，给别人一个缓冲，让语流有一个自然调整的节奏，交谈才能在一种默契中缓缓流淌。

Part 6

职场这样说，“Very Good”！

职场最“稀罕”那些会说话的人，会夸赞老板，会推销自己，能化解分歧，善打圆场，敢于自嘲，这样的说话真“Very Good”，这样的女人真紧俏。如果你能有这样的灵活，必定能让老板注意你、重用你，让同事喜欢你、支持你，从而更快地踏上自己的成功之路。

老板真心地喜欢你夸他

人人都喜欢被赞扬，人人都喜欢有欣赏者，这种心理众多女性朋友已经熟知，并且慢慢养成了多去赞美别人的习惯。很多时候，我们做到了赞美自己的老公，赞美自己的孩子，赞美自己的同事，但唯独没有想到去赞美自己的老板。乖乖女认为，老板是上司，是应该尊敬的人，哪敢妄自评论;清高女认为，夸奖老板，那不是溜须拍马吗？我可不干；愤青女认为，那个黑心肠的人，不骂他就便宜他了，还夸他，门儿都没有。不管哪种想法，都是职场得宠的阻碍。

罗臻在一家外贸公司工作有些年头了，而且已经被上司提拔成为了部门经理。罗臻的工作能力很强，为人刚正不阿，很受下属好评。她经常在领导面前坚持己见，并为此很自豪，而且她觉得作为一个正派人，应该少说多干，所以从不主动找领导交流。多年下来，一些能力一般的同事都被提拔上去了，只有罗臻还在原地踏步。她总结来总结去，认定原因就是自己太正直，而领导只喜欢阿谀奉承之徒。于是，她开始变得愤世嫉俗。

其实，罗臻把责任全推到上司身上是有失妥当的，她应该反思一下自己，是不是成了一个只知道工作的“老黄牛”？是不是从来都不喜欢在领导面前表现自己？是不是从来没有夸奖过他，以致让上司忘记了自己的存在？要想引起上司的注意，你就试着学会在他的身边夸奖他，“取悦”你的领导，学会去“赞美”他，迎合他的心理。

其实，上司也是人，也需要从别人的评价中，了解自己的成就及自己在别人心目中的地位。即使是再严厉的上司，恰当的称赞，也会让他的自尊心得到满足，不自觉地对称赞者产生好感。

我的好友丽欣就职于一家科技行业的知名大公司，为了在竞争激烈的环境中顺利升职，她经常变着法子夸赞自己的上司赵总。赵总是一个业务能力非常强的人，唯一的缺点就是不苟言笑，给人以不可亲近的距离感。很多和丽欣一样想升职的同事，天天都在恭维赵总多么有能力，但是效果似乎不是很明显。赵总在听了之后，总是面无表情。

有一次，公司企划部因为内刊需要向各部门征稿，丽欣提交了一篇《你所不知道的赵总》，记录了几件在出差期间和赵总互动的小事，当然在事实的基础上，也不乏溢美之词。比如，开篇她就这样写道：“我所认识的赵总，不苟言笑，但是人情味十足……”文章刊登后，在同事间引起极大反响。大家都纷纷拷贝丽欣和赵总私下互动的经验。赵总随后对丽欣的态度也明显变了很多。

可以说，丽欣的这篇稿件效果十足。事实上这位赵总对于自己的职业十分自信，但是也一直苦于拿捏不好与同事之间的适当距离。丽欣的这篇文章等于改变了他高高在上、不亲民的日常形象。作为领导，赵总何尝不知道沟通力与影响力的密切关联性。为了扭转这种不亲民形象，赵总也很是苦恼，但是作为上司的他，一方面，需要一个很好的台阶去改变；另一方面，多年的积习让他苦于没有改变的头绪。丽欣的“讴歌”，一方面瞬间扭转了他的形象，另一方面让他由被动转为主动，当同事们纷纷参考丽欣的“做法”时，他只需要在回应上作调整，这比让他自己去主动“秀”自己的平易近人要容易多了。因此，丽欣的恭维大中赵总之意，升职之路自然很顺。

如果你碰到的是那些天生爱听好话、喜欢在别人的赞美声中来肯定自己的老板，那你一定要不吝啬自己的赞美，也不要厚不起脸皮。只要是领导需要的，只要是不违背做人原则的，只要是于整体利益无损害的，你就大胆、大方地称赞他。

另外，如果自己取得了成绩，别忘了赞美老板。很多人在讲到自己的成绩时，会先说上一段套话：“在领导的指导下，在大家的帮助下。”这段套话虽然没什么新意，却有很大的妙用：显示你对老板功劳的赞美，表明你对老板的尊重。相反，如果员工在得奖大会上，只知道大谈自己的努力与艰辛，丝毫不涉及老板的帮助，那么，他会觉得成绩都是下属的，自己受到了冷落，很没有面子。

聪明的员工在自己立了功时，总是不忘赞美老板的指导有方，让其分享成功的快乐。事实上，这种分享不但不会损失员工的既得利益，而且有助于老板进一步地重用员工。

好话谁都爱听，老板真心喜欢你夸他，迎合他的心理，让他在你面前觉得自己受到了尊敬，他就会对你产生好感。职场奋斗的姐妹们，一定要学会用赞美去“取悦”老板，这是你通向事业成功的桥梁。

巧妙推销自己，靠嘴胜出

我们都熟知“毛遂自荐”的典故，可好像并不怎么欣赏他。这主要受我们的传统文化的影响，中国人自小就知道做人最好谦虚、含蓄一点，推销自己是被大家不屑的。

然而，在当今激烈竞争的年代，一味地做“谦谦君子”，却有可能成为一大缺点，这个缺点会让你吃大亏。竞争就是要“竞”要“争”，就是要能说会道，敢于和别人一比高下。人们忍受不了那种吞吞吐吐、羞羞答答的“谦逊”，不要听那种婆婆妈妈、“弯弯绕”式的“自谦之词”。君不见：精明的企业家招聘员工，聪明的领导者挑选下属，并不是首先看你怎样言辞周到、谦虚有礼，而是首先看你有多少真才实学。你应当实事求是地宣传自己：我有什么长处、有哪些才能、想做什么、能做什么，直来直去，使别人了解你。这样，你才能得到应得的机会。

梁瑶刚大专毕业，其貌不扬，可让人惊奇的是，每次面试，她都屡屡通过，没有受学历和外貌的影响。同学问她面试成功的技巧，她笑笑说：“答案在这，鼻子下面啊。”

某家广告公司要招聘一位形象和口才兼备的顾问，梁瑶想试试，周围同学劝她不要去，因为形象这关就过不去。梁瑶不相信，最终还是去应聘了。在面试中，面试官问:“看清我们的招聘要求了吗？形象好，身高 165 厘米以上。”梁瑶不慌不忙地说:“看清了,而且是特清楚。但我相信贵公司重在‘能力’上，个头矮，接触地面近，营养充分啊。”这幽默的话语，让面试官不得不继续下面的话题。

可见，借用口才上的技巧来推销自己，是一个人在社会上能否成功的关键。我们不妨观察一下周围的人。那些成功人士，他们的成功是否因为他们的专业技术都是最好的呢？答案是否定的。他们的成功往往在很大程度上是因为他们善于说话，推销自己。一个人的成功只有 15% 是依靠专业技术，而 85% 却要依靠有效说话的“软科学”本领。可以说，众多成功人士是靠嘴胜出的。

如今在职场中，女性的工作能力与表现绝对不比男性差，不但学历、技能相当，就连对工作的贡献也毫不逊色。但尽管如此，能够升到重要职位的女性仍然寥寥无几。

其实，正是“酒香不怕巷子深”的传统观念限制了她们在职场上的成功。琪就是这样一个内秀的女孩。

琪是从事企业标志设计的，她工作十分努力，但并不善于表现自己，只是从自己的设计中她能够获得足够的满足与自我的肯定。也许正是因为这个原因，对于每次成功的设计方案，老板都认为是整个企业设计部努力的结果，而丝毫没有注意到作为总体设计的琪所起到的作用。就这样，琪拿着与其他人相同的薪金，却干着超出旁人几倍压力与辛劳的工作。

在工作上，你除了应努力做出优秀的业绩之外，更应注意让上司知道它们，

当然这并不是让你不论大事小事都要汇报。而是要学会适时地表现自己，因为你的付出应获得应有的回报，而且应该成为让上司记住你的砝码。

谦虚是要区分场合的。在平时的工作中，适度的谦虚是必要的，比如向领导请示工作，向同事请教，表现出自己谦虚的胸怀，会给人留下一个好的印象，有助于你的成长和进步。但是，在关键时刻，如面临有挑战性的任务，如果你感觉能胜任，就要敢于向领导拍胸脯说“我行”；竞聘时，要充分地表现自己，像王婆卖瓜一样，善于推销自己的优点和长处，把自己取得的成绩告诉老板和同事，等等，如果在这些情况下还要谦虚，那你晋升的良机也会谦虚地从你面前溜过。

你必须明白，“皇帝女儿不愁嫁”的时代已成了历史，如今是信息化时代，一个人想获得成功，不但要有真才实学，还要善于推销、包装、经营自我。“花开堪折直须折，莫待花落空折枝。”有才能，就要尽情发挥。每个人都有潜能，都有自己的一技之长，但刚刚进入一个新的工作环境，没有人了解你的才能，上司看你就像一张白纸，工作做得好坏就看你的发挥了。因此，要想怀才而遇，就必须才华外露。不露，就没人知道你有这种才能；不了解你，上司就没法重用、提拔你。如果你把本事隐藏起来，时日一久，上司就会认为你是无能之辈，不再理你了。

著名管理顾问克利尔说：“许多人以为只要自己努力工作，顶头上司就一定会拉自己一把，给自己出头的机会。这些人自以为真才实学就是一切，所以对提高知名度很不经心，但如果他们真的想有所作为，我建议他们还是应该学如何吸引众人的目光。”可见，善于推销自己，形成一定的影响力，是获得晋升的关键之一。

人生的第一步是必须学会醒目地亮出自己，为自己创造机会。在职场打拼的姐妹们，勤奋工作之余，我们还应该多花些心思去展示自己、推销自己、主动出击，我们的光芒才能在众多同事中凸显出来。

巧妙化解和同事间的分歧

同在一个公司谋事的同事，几乎日日见面，彼此之间免不了会有各种各样鸡毛蒜皮的事情发生，各人的性格、脾气、禀性不同，也难免会出现意见分歧。但工作需要协作配合，单凭一己之力是很难有所成就的。协调好与同事之间的关系，是工作能够顺利进行的前提。如果处理不好，工作会很难开展。

那么，我们到底应该怎样化解与同事间的分歧呢？

首先不要固执己见。

我们来看一下冰冰在这方面的教训。

“我非常喜欢市场策划这个工作，工作快乐而努力。一年后，我就成为了这个部门的主管助理。从此，和我们的主管接触也越来越多，矛盾也就开始明显了。都说和女主管难相处，尤其是有一定年龄的女人，我的主管就符合了这些要求。40 出头的她，事无巨细，样样要管，而且还喜欢发号施令，我怎么受得了。并不是不尊重她，但每个人都有自己的做事方式，只要结果是对的，至于过程就不必规定太死。更何况，虽然我年轻，或许在工作经验方面略微逊色一点，但也正因为年轻，对市场的了解和反应，更快更精确。市场是不断变化的，我认为做法也应该随着市场的变化而改变，这样才能踏准市场的节拍，有利于工作的开展。

“也许是因为年龄差异，每次发生争执，她总是用一种居高临下的姿态来与我交谈。看到她的态度，本来想好好沟通的我一下子就会失去耐心，态度也同样强硬起来。毕竟她是主管，再不情愿，最终拍板的人始终是她。如此结果，常常会让我郁闷多日，情绪极差。也有同事劝我，这样的僵持，只会让我的工作环境越变越差，倒不如适时低头，给彼此一些余地，或许是打破这一僵局的唯一办法。但我了解自己，要我低头，这样的可能性不大。到后来，我感觉到彼此之间的矛盾已经影响到了我的正常工作，最终在低头和放弃工作之间我选择了放弃。但也就因为这次放弃，让我至今还未找到一份理想的工作。偶尔心里也会有一丝后悔，但为时已晚，就当是一次历练吧。”

工作无法开展，事事不顺心，归根结底，很大程度上都是由于人们的固执己见造成的。实际上每个人都会有固执的一面，而且一旦固执起来会很难改变。但固执会破坏你的人际关系，使你举步维艰，还会危害团队的整体利益。如果你已发现自己有固执之处，最好的办法是学会放弃，放弃固执己见，学会适时低头。

其次，要胸怀宽广，多体谅包容。

同事相处久了，难免会有说错话、办错事的时候。如果你能够胸怀宽广，包容对方的过错，一如既往地与对方友好相处，那么也许一切都会平静如初，相安无事。

李开复先生刚加入微软时，有一位资深经理看到他的工作既受比尔·盖茨重视，又受员工和媒体瞩目，担心李开复抢了自己的风头，因此总是排挤他，不让他参与公司的项目。甚至李开复请他帮忙时，他也经常搪塞。但李开复认为该经理是个人才，只是为了个人利益而一时糊涂。所以，无论他如何对待李开复，李开复都会原谅他，尽量与他合作。项目完成后，李开复还在比尔·盖茨面前感谢他。

几年后，这位资深经理遇到了不小的麻烦——他的上司开始怀疑他的能力。当他的上司来征求李开复的意见时，李开复依然就事论事，坦诚地说他是一个可用之才，只是在与人合作的时候有些固执，应该再给他一次机会。结果，这位资深经理不但留在了公司，而且改掉了自身的一些缺点，还获得了晋升的机会。后来，他找到李开复说："我非常感谢你的帮助，但我更加感激的是，你教会了我怎样做人。"

事后，李开复这样说："对别人的宽容不但可以让工作顺利开展，而且可能影响甚至改变别人。当时，如果我不是用宽容的心态来处理这件事，而是一开始就与他针锋相对，结局很可能是两败俱伤。"

俗话说，海纳百川，有容乃大。不要总觉得都是别人的错，自己完全正确。其实一个巴掌拍不响，矛盾的产生是双方面的。不计较，多包容，主动站出来化解矛盾的人，才能在职场上走得更远。

再次，要学会换位思考。

工作中，我们都很善于对别人的工作品头论足；对他人的成绩不以为然，而对其过错却非常苛求："那是一个弱智的错误。"是挂在很多人口头的话。这种方式，既不利于工作，也不利于团结。

对此，李小姐体会颇深。她曾因同事和上级让她感到委屈而离开，她曾服务的这家企业的业绩也一直在下滑。"这件事使我对同事多了戒备心理，也对别人更挑剔。现在我才意识到，如果当时我们同事间、老板与员工间都懂得站在对方的位置去判断是非，都懂得互相体谅、宽容，那么，结果可能就不是这样。”

事实正如李小姐所言，换位思考是融洽人与人之间关系的最佳润滑剂。假如我们能换一个角度，试着站在他人的立场上去思考问题，我们就可能体会到他们的想法和真实的感受，了解他们的苦衷，从而发现自己想法或者做法的不足，然后加以调整，就会少去很多的摩擦。

跟同事之间，都是“低头不见，抬头见”的，没必要把关系搞僵，遇到纷争，主动去化解，这是我们职场人士应有的风度。

会打圆场，职场更有气场

受人欢迎的女人深谙人际交往中的方圆之术，遇到不和谐的尴尬局面时，会机敏地用一两句幽默的话来“打个圆场”，从而打破僵局，调解气氛。

不灵活的女人，却往往抱着一副“事不关己，高高挂起”的态度，认为替人“打圆场”费时费力，还可能吃力不讨好。久而久之，人们必定会对她敬而远之。

因此，女人要懂得在关键时候给人台阶下，为别人挽回面子。尤其是当自己的上司处于尴尬局面时，你要勇敢地为他解围、打圆场，使他不至于颜面扫地。如果怯懦怕事，不善于随机应变，让上司当众出丑，那你工作的时间恐怕也不会太长。

某电器公司因为产生售后问题引起了很多人的投诉，很多记者闻讯到该公司采访。记者在公司门口遇到了经理秘书，便向她询问情况。可是经理秘书害怕自己承担责任，就对记者说：“我们经理正在办公室，这个问题你们还是直接采访他比较好！”这下可好，记者们像汹涌的浪潮般闯入了经理办公室，经理躲也躲不开，只好硬着头皮一个人应付记者们的狂轰滥炸。

事后，经理得知秘书不仅没有提前向自己汇报情况，还将责任全部推到自己身上，非常生气，不久就将这位女秘书解雇了。这件事应该引起我们深思，记者因售后问题采访，这对于公司所有员工及领导来说本来就不是什么好事。此时，领导最需要的就是下属能挺身而出，甘当马前卒，替自己演好“双簧戏”。而对于下属来说，此时不仅要对记者讲明问题的原因，还要极力维护领导的面子和威信，而不应该将责任推到领导身上。事情做好后，领导自然心中有数，即使不会有明显的表示，也会在适当的时候给下属一定的“好处”。若下属因怕担责任或没有眼色，将领导弄得很尴尬，领导不发火才怪呢！也许最后，工作也得丢了。

帮上司打个圆场，缓和一下尴尬气氛，上司就会对你这样的下属心存感激。帮同事打个圆场，你能获得别人更多的信任，进而提升自己的人缘魅力。

缪青和赵凡都是刚刚毕业的学生，在一次招聘会上被同时招进了一家生产家具的公司，开始担任电子数控方面的技术人员。因为在毕业时间、学历和技术、技能方面，两个人都差不多，无形中成了一对竞争对手，可缪青在竞争的过程中，还是抱着一种宽容和大度的态度来与自己的这位同事和谐地相处。

有一次，赵凡在工作的过程中，因为偶然的失误，把一组急需的数据弄丢了。当主管向她要数据时，赵凡说刚刚丢了，还没有等赵凡解释，主管就有些生气地开始责备起了她，恰好缪青也在场，便帮她开脱说：“我们两个刚刚发现那组数据因为用过去的那种传统方法收集，误差太大，不利于加工的准确性，因此放弃了，想重新计算一番。”主管这才压下了怒火，让缪青协助赵凡继续整理那些数据，因为这次事情，赵凡对缪青最初的敌视态度转变成一种工作中的热情友谊了。

缪青不失时机地为同事扶危解困，为自己赢得了真诚的友谊。职场就需要这样的热心肠，既然同在一块儿谋事，看到别人遇到责难，理应出手相助。如果心存幸灾乐祸心理，不及时出手援助别人，哪天等自己下不来台时，别人也往往会以袖手旁观来回报，那将是怎样的难堪啊！

因此，职场女人应该胸怀大度，主动学会为别人打圆场。想想看，只是几句得体的话，就能使大家皆大欢喜，何乐而不为呢？作为旁观者，与其怀着看热闹的心态“围观”或“打酱油”，还不如充当个和事老，化干戈为玉帛。

只是，“打圆场”也是一门说话的艺术。打圆场时，态度要缓和，反应要快，才能息事宁人，避免火上浇油，扩大事态。

所以女人在打圆场时，一定要用理解的心情，找出尴尬者陷入僵局的原因，想出好的圆场办法，最终达到“你好我好大家好”、硝烟开头、和气收场的目的。那么打圆场有什么绝招呢？

1. 旁敲侧击

面对别人无意中造成的疏忽、怠慢，不好明言又无法接受，不妨迂回一步，借彼言此，借助言他而委婉提醒对方改正或弥补失误，调和气氛。

下班高峰期，候车的乘客很多，一个抱着孩子提着包的妇女好不容易挤上了车。一位青年看见她这种情况连忙主动让座。妇女气喘吁吁，又要顾孩子，又要顾包袱，竟忘了道谢，让座的青年很不高兴。售票员见状，摸着那小孩的脸说：“多可爱的孩子，你知道谁给你让的座位呀？”那妇女猛然醒悟，连忙起身向那让座的青年道谢，让座的青年也笑了。

2. 调虎离山

双方正在争吵，火气正旺，大有剑拔弩张、一触即发之势，那么你可以当机立断，借口有急事要办，把一方支开。比如，你可以说："有个重要的客户来电话了，需要马上回电。"等过了一段时间他们就可能消气了，冷静下来了，争端也就趋于平静了。

3．别出心裁

常言说"妙语生花"，就是指将常用的语言经过个人精心组合或另作他解，以达到出人意料的效果。交际场合中，将造成尴尬的言谈或举止行为及时转换角度，别出心裁地给以另外的解释，从而创造和谐的氛围。

在一次婚宴上，宾客们都为新郎、新娘举杯道贺。宴至酒酣时，新郎起身敬酒，一不小心，酒竟泼洒在新娘的头上，真是大杀风景。这时，一位客人，端着酒杯，慢慢站起身来说:"为新娘的幸福从头而来干一杯！"顿时哄堂大笑，气氛更为活跃，新郎、新娘也更加开怀了！

善打圆场，是聪明老练的表现，也是一个人应变能力的表现。只有处世功底深厚的人才，才有可能在情况突变的时候巧妙地化险为夷、化拙为巧，使自己或他人摆脱尴尬境地，并在交际中取得良好的效果。职场女人想要强大自己的气场，就要善于察言观色，能够适时得体地替人"打圆场"。

自嘲，职场女性应该有的语言魅力

每个人都有遇到窘境的时候，当你难堪得恨不得找个地缝钻进去时，是否有能力用轻松的方式化解自己的尴尬处境，这是检验一个女人情商高低的重要参照。如果能够用自嘲来解围，绝对是一种高情商的表现。它需要豁达、乐观、超脱、调侃的心态和胸怀。

有一次，喜剧女演员卡洛·柏妮坐在餐厅里用午餐。这时，有一位老妇人走向她的餐桌，举起手来摸摸卡洛的脸庞。当她的手指滑过卡洛的五官时，还带着不屑说："我看不出有多好看。"其实，这是老人对年轻漂亮的女人心生妒意后故意过来挑衅的，她的尖刻估计其他的人都会受不了。但是——"你不用继续祝福了，"卡洛微笑着说，"我看起来确实没多好看。"可以设想一下，如果老人面对的是一个与她一样放肆无礼而又心胸狭窄的人，人们也许将会目击一场争斗。可是，卡洛·柏妮表演喜剧，她深深理解喜剧与闹剧的差异。所以，她神情自若，先把老妇人带有攻击意味的贬低说成是"祝福"，并请她停止"祝福”。然后，坦然地承认自己没多好看，讽刺对方，而又嘲笑自己。在粗鲁和蛮横的侵犯面前，保住了自己的尊严，同时又表现出一种豁然大度的宽容厚道，从而在精神上战胜了对方。让周围的人都会心地笑了起来，也对卡洛临时的机敏反应给出了好评。

美国著名影星洛伊也是这样一位敢于自嘲的女性。20世纪20年代到80年代洛伊一直活跃在银幕上，但在晚年的时候却日渐发胖。正因自己身体太胖，朋友多次邀请她一起去海滨浴场游泳，她都不好意思去，尽量找各种理由推辞。

在一次记者招待会上，一位娱乐记者偏偏就针对这个问题向洛伊提问:“洛伊女士，您是不是因为自己太胖，怕丢丑才不去海滨游泳的？”

洛伊想了一下，爽快地回答：“我是因为自己胖才不去游泳的，我怕我们的空军驾驶员在天上看见我，以为他们又发现了一个新大陆。”

在场的人听后，发出阵阵欢呼声和笑声，不由得鼓起掌来。

洛伊出语不凡，用自嘲的口吻、夸张的手法化解了尴尬，既没有被记者牵着鼻子走，又很好地活跃了招待会的气氛，同时还给大家留下了一个良好的印象，显示出自己豁达的心胸和诙谐的人格魅力。

一个敢于自嘲的女人永远比一个畏缩后退的女人更有魅力。因为自嘲。也就是要拿自身的失误、不足甚至生理缺陷来“开涮”，对丑处、羞处不予遮掩、躲避，反而把它放大、夸张、剖析，然后巧妙地引申发挥、自圆其说，取得一笑。不够坦荡、自信是无法做到的。可想而知，自以为是、斤斤计较、尖酸刻薄的人难以望其项背。

人际交往中，在人前蒙羞，处境尴尬时，用自嘲来对付窘境，不仅能很容易找到台阶，而且多会产生幽默的效果。所以自我解嘲，自己把自己胳肢几下，自己先笑起来，是很高明的一种脱身手段。

小纪是化妆品公司的采购部经理，最近她急需去广州看一批订单的样货，写了好几页的报告向老板申请出差。老板的批字十分简单，只写着:“Go ahead！（去吧)”于是她就忙着买机票、收拾行李。可万万没想到，出发的前一天被老板秘书挡住 :“纪经理，你不能去广州。”

“为什么？”

“老板同意你去了吗？”

于是她把公文拿给秘书看，说 :“你看，他确实叫我去啊！”

秘书一看，毫无表情地说 :“来公司这么长时间，还不清楚老板的英文程度吗? 他是写 Go ahead，去个头！”

小纪大笑 :“抱歉抱歉，我还真准备遵从老板指令，向广州前进呢！秘书小姐，拜托你赶紧编辑一本老板常用语注解，以便我们看到批复后能把意思准确地翻译出来。”一席话倒让秘书脸上紧绷的肌肉松弛了下来。

在人际沟通中，自嘲是不可多得的灵丹妙药，它可以让你在众人面前出丑时，完全转变你的尴尬形象，让你瞬间成为众人心中的笑星。职场女性不但可以用它来给自己解围，还能缓解压力与无奈，帮你保持一种健康良好的心态。

心理学家刘军就指出，自嘲是一种幽默的形式，也是一种心理调节的方式，白领女性学会自嘲，可以缓解工作和生活的双重压力。“自嘲是一剂自我调整心理平衡的良药。人们在遇到窘境，对付尴尬和难堪局面时，多一些风趣生动的自嘲，能及时调整心态。‘提得起，放得下，想得开’，自我解嘲，平慰心灵，使自己不满的情绪得到缓解，为心灵增加一层保护膜，还能使别人对你有个新的认识。学会自嘲，以豁达的心态对待人生，会使你生活幸福，身体健康。”

是啊，当生活幽我们一默时，我们何不还它一默。用自嘲来提升你的语言魅力，用自嘲来调剂生活，你会魅力倍增，大受欢迎，轻松演绎社交神话。

拒绝别人要用婉转的技巧

生活中会遇到很多需要拒绝的地方，性格温顺、心地善良的女人往往不会拒绝别人，因为害怕对方难以接受事实，生怕伤害了对方。其实这样反而会伤害到彼此的感情和友谊。

比如一个朋友托你办一件令你很为难的事，这件事对你来说难度很大，可能你并没有办法搞定，但你却不愿当面拒绝，怕对方认为你不够朋友，怕伤害双方的友谊，因而你含糊其辞地说："我想想办法。"或者说："我问问别的朋友。"结果呢？朋友翘首以待，等待你的消息，但你却不能把事情办好，可能因为你含糊的承诺，使朋友失去重新找别人帮助的机会，也可能因此而遭受重大损失。

性格直爽的女人会直接说："不行，就是不行！"这也不是最佳的选择，可能会让你和同事以后连朋友都没得做。

不会拒绝，伤人累己；直接拒绝，颜面尽失，这让很多职场女性苦恼不已。那么，怎么样才能做到既拒绝了同事又不伤和气呢？

首先，我们应当先认真倾听对方的情况，然后再说"不"。当同事向你提出请求时，他们心中通常也会有不同程度的不好意思，担心你拒绝，担心给你带来麻烦。因此，在你决定拒绝之前，要注意倾听，请对方把处境与需要，讲得更清楚一些，自己才知道如何帮他。然后，应该对他的难处表示理解。

“倾听”能让对方先有被尊重、被接纳的感觉，在你婉转地表明自己拒绝的立场时，也比较能避免伤害他，因为他能在你的倾听中感受到你的真诚。如果你的拒绝是因为工作负担过重，倾听可以让你清楚地界定对方的要求是不是你分内的工作，而且是否包含在自己目前重点工作范围内。或许你仔细听了他的情况后，会发现帮助他还有助于提升自己的工作能力。这时候，你可以在不影响自己本职工作的前提下，协助同事完成任务，如此，你在收获工作能力与经验的同时，又能赢得同事的友谊。

即使你帮不了他，但是“倾听”完他的情况之后，作为非当事人，可能会对他的困境看得更清楚，你可以针对他的情况，给他提出比较好的建议。这样，即使你不亲自去帮助对方，对方一样会感激你。

其次，在说“不”的时候要委婉。当你倾听之后，认为自己应该拒绝的时候，说“不”的态度必须温和而坚定。即使是炮弹，也应当裹上糖衣。即要委婉拒绝，不要严词拒绝，因为温和的响应总是比情绪化的过度反应要好。情绪是具有感染性的，严词拒绝会引发他人强烈的负面感受，所以，当你必须要拒绝他人时，就不要再以不友善的言行，在情绪上火上浇油。例如，当对方的要求不合公司规定时，你就要委婉地向他解释自己的工作权限，表示没有权力去做这件事，这违反了公司规定。在自己工作安排已经很满的情况下，要让他清楚自己目前的状况，并暗示他如果帮他这个忙，会耽误自己正在进行的工作。一般来说，同事听你这么说，一定会知难而退，再想其他办法，而不会对你产生其他想法。

再次，在表示拒绝的时候，要从对方利益出发来说明自己爱莫能助的理由。从对方的利益考虑，以对方的切身利益为借口，往往更容易说服对方。比如，同事要求你在一个不合理的期限内完成工作，与其说明你如何不可能办到，不如让对方相信这种仓促行事的做法对他而言并没有好处。这样的话，同事不仅不会怀疑你的意图，还会对你产生感激。

最后，在拒绝之后，对他的情况表示关心，最好能够提出一些建议。有时候拒绝是一个漫长的过程，对方会不定时提出同样的要求。若能化被动为主动地关怀对方，并让对方了解自己的苦衷与立场，可以减少因拒绝带来的尴尬与影响。

当然，在你拒绝同事的时候，除了技巧，更需要发自内心的耐心与关怀，表达友好和善意是我们拒绝时最重要的原则。否则，对方一旦察觉到你在敷衍他，那么，你在同事心中的地位就会下降，你在办公室里的人际关系也会受到伤害。

雅男承包经营着一家新技术开发公司。几年来，市场瞄得准，技术开发战略决策恰当，科技人员力量雄厚，经营管理科学，使得企业产值和利税大幅度上升，经济效益极好，因而引得许多人都想往这个单位钻。

一天，她的一个老上司打电话，想给她推荐一个职员，问她可不可以接纳他。碍于面子，就让老上司带着求职者来面试。面试结果，发觉很不理想，进入公司吧，养了个庸才，而且会导致公司用人制度的破坏，进人口子过大过松，影响公司长远发展；不接收吧，老上司以前待自己不错，碍于面子，不好拒绝。于是，雅男苦思了几天，终于想出了处理之策。

决定后，雅男首先请老上司和那个求职者参观了解一下公司工作室各人员忙碌的情况和做事的难度，以及进入的规章制度。接着向老上司汇报了在老上司以前指导下的发展情况，今年的承包合同指标。“老上司，前几年，在您的指导下，公司发展很快，公司上下都非常感谢您的理解和支持。去年年初，我们按照您的指示修订和加强了管理制度和岗位用人制度，效果非常好，希望您能继续指导。对于您介绍的这个小伙子，所学与我们不对口，公司研究没有通过，也是怕影响今年的承包指标完成。如果有别的适合单位的话，我可以想办法让他去试试。老上司，您看这样好吗？”

的确，雅男通过让他们了解实际情况，明确地说出事实，“开诚布公”地拒绝了，即使不拒绝，求职者也很可能会畏缩。雅男以老上司指导而定的制度，既大大恭维了老上司，给了他很大面子，同时又以制度和合同指标给老上司自己指出了“两难”境地。此外，以本单位不适合，还有别的单位可能接收，留给对方一个后路。这种拒绝法真可谓洞察人性、婉转得体。

委婉体现出一个人对交往对象的尊重和体贴，体现出一个人交际的成熟风范，学会委婉拒绝，你既达到了目的，还避免了造成关系的僵化。聪明的女人，这是你必备的一项人际交往技能，一定要多多修炼，巧于周旋。

不好的消息，用好的方式表达

谁都喜欢报喜不报忧，而你偏偏就是那个倒霉蛋，明知上司、同事难以接受，却不得不传递坏消息。一些女人因为不会说话，不会传递坏消息，最后被上司“迁怒”了，或是影响到了与同事之间的关系。因此，在职场传递坏消息是非常有讲究的。

要想让别人接受坏消息，关键在于我们如何把坏消息告诉他们？请看如下场景：“经理，经理，不好了，上次来的那个客户刚打电话来说，他们今年不想和我们继续合作了，想找一家新的供应商合作，这怎么办啊？真要是这样，我们会损失四分之一的份额的！”如果你是那位经理，当时正在与一位重要的客户联络感情，在宾主尽欢之际，突然冲进来这样一位员工，气喘吁吁地告诉你这样一个消息，你有何感触？你将如何应对呢？

也许你在还没有被这个坏消息震惊前，就先被这位员工的举止惹恼了。你不得不承认，并不是你的修养不够，实在是这位员工行事太没眼色、太不会说话办事了。

因此，当我们不得不传达一些对方可能不愿意听到的消息时，我们就需

要花些心思，找到一种最易于接受的方式来达到自己的目的！

兰戴尔是一家咖啡经销公司的负责人，她为人和蔼可亲，做事很有效率，大家都很喜欢她。可是有一天，兰戴尔发现自己必须告诉大家一个坏消息，一时之间，她感到手足无措。

公司当时正在实行一项新的计划，按照新计划，公司很有可能要在6个月之内关闭两家设在美国的分公司。与此同时，他们还必须要求这两家公司的员工更加努力地工作，只有这样，他们的公司才有可能避免遭到关闭的命运。两家公司都在拼命（其中位于北方的那家公司比位于南方的公司员工更加努力）。员工们放弃了加班费，周末也在加班加点地工作，他们相信，自己所做的一切一定会让总公司刮目相看，并进而改变决定。

6个月之后，管理层决定要关闭北方公司。他们认为南方的那家公司工资更低、税率也更低，而且运输成本也更低。在此之前，他们从来没有提出过这些理由。兰戴尔极为愤怒，她感觉自己被出卖了。北方公司位于一座小镇，许多年来，该公司一直是这座小镇最主要的雇主，整座小镇和这家公司之间建立了深厚的感情。

管理层给兰戴尔发了一份“演讲稿”，要求兰戴尔当众宣读。面对演讲稿上的“赔偿金”等冷酷的字眼，兰戴尔感觉无所适从，她该怎么做才能让大家更容易接受这个事实呢？

看看兰戴尔是怎么做的吧！她认真分析自己与北方公司员工之间的关系，进而制订了一份演讲计划。5分钟应急方案：

第1分钟：想想看，这条消息将会对自己产生哪些影响，但同时不要加入任何自己的个人感情。

第 2 分钟：想想看，自己的谈话对象当前正处于一种怎样的状态，这条消息将会对他们产生怎样的影响。

第 3 分钟：拿出一张纸，在上面画上一条竖线，左边是这条消息对自己的影响，右边是对谈话对象的影响。

第 4 分钟：想办法谈谈对方所关心的事情，以及大家齐心协力将如何共渡难关。

第 5 分钟：想办法尽量帮助对方，一定要说到做到。

她知道，在大多数情况下，如果能事先考虑对方的感受，并在演讲过程中突出这一点，他们都会把自己当成朋友。

考虑一段时间之后，兰戴尔决定召集北方公司的所有员工一起开会。她说出了自己的真实想法，此刻她代表的不是公司的利益，而是作为团队成员之一的感受。

她用一种发自内心的语调告诉大家，整个团队已经付出了最大努力，但最终的结果仍然归于失败。她向大家保证自己非常理解他们的感受："我也感觉很可怕，因为我也失去了一份工作。"

工人们并没有陷入愤怒，相反，兰戴尔讲话结束之后，整个会场响起了热烈的掌声。她成功地把握住了工人们的情绪，帮助他们克制住了自己的愤怒，并通过一种适当的方式把自己内心的压抑释放了出来。掌声结束之后，兰戴尔用一种平静的语调跟大家讨论了随后的赔偿问题和其他细节。她干得非常漂亮！

传达坏消息，心情总是沉重的。然而，这种时候正需要一些思考，就像兰戴尔一样，经过短暂且严密的思考过后，"宣布"坏消息。

李楠是新上任的工厂总经理，但她没能赶上公司高速发展的好时机，刚上任不久就遇上欧债危机，集团关闭了多家工厂、裁员千人。每年 5 月是工厂员工最期盼的加薪月，但在通货膨胀的今年，员工就别指望 5% 以上的加薪幅度了。

李楠是位久经沙场的老经理了，她先在管理会上传达了区域总部关闭工厂、大幅裁员的消息，然后安抚大家说："我会力争我们工厂正常开工及饱和的生产量，尽量争取少裁或不裁人。"会议后，每个经理下意识地对员工的业绩和潜力作了"摸排"，而员工之间也流言四起，唯恐被裁。

与 HR 经理一阵"密谋"后，李楠拿出了公司"历史上最可怜"的加薪方案，但员工的反应并没有那么糟糕，因为大多数人悬着的心终于落地了。

无论是好消息还是坏消息，与听者的主观感受有关，如果一个人先前都在接受着相对比较积极正面的信息，而你突然告诉他一个坏信息，他当然会觉得受不了，因为先后反差过大。

基于人们主观感受的特点，在说坏消息前，你如果能突破听者的心理承受底线，然后再给出你真正想告知的坏消息时，对方自然会觉得"没那么坏，相对那个糟糕的结果，这没什么！"

用这种方法传达坏消息，前提是你必须了解对方的心理承受范围，然后在沟通时需要不断地试探、降低其预期，最终摸清对方的心理底线。

职场丽人不要害怕传达坏消息，只要你能把握好他人的心理，能够站在对方的角度考虑问题，话语真诚，方式适当，就能将"晴天霹雳"消解于无形。

批评别人的话，不要太刻薄

有些小心眼的女人，见不得别人的一点错处，尤其是有点地位权力的人，工作中动不动就大发雷霆，把下属骂得晕头转向。没人愿意在这样的女上司手下谋事。

朋友娜娜谈到了发生在她们公司的一段插曲。

“有一次开生产会议的时候。副总裁朱芮提出了一个尖锐的问题，是有关生产过程的管理问题。由于她气势汹汹，矛头指向生产部总监，一副准备挑错的样子。为了不在同事中出丑，生产部总监对问题避而不答。这使副总裁更为恼火，直骂生产总监是个骗子。”

“再好的工作关系，都会因这样的火暴场面而毁坏。凭良心说，那位总监是个很好的雇员。但从那天开始，他再也不能留在公司里了。几个月后，他转到另一家公司，据说表现得很不错。”

我们可以想象一下，一个穿着正装的女人暴跳如雷的样子，一定很恐怖，用“母夜叉”或“母老虎”来形容，一点不为过。这不仅有损形象，还容易得罪人，即使说的都是正确的，也会让对方因反感而产生抵触情绪，根本起不到促进工作的作用。

“人非圣贤，孰能无过”，平常跟同事相处，如果发现对方出错，也不可尖酸刻薄，抓住一点小失误就把别人批评得体无完肤，一无是处。

康妮是个才思敏捷、心直口快的人，她聪明过人，总是能够一眼发现别人身上存在的主要问题，说话总是一语中的，但是出自她口中的话总是刻薄尖酸。有一次，她约同事打保龄球，对方是初学，球艺自然不行。出于好心，她便当教练教起对方来。打球过程中她一会儿说人家“真臭”，一会儿说“你这人看起来挺精明的，怎么学打球这么笨。脑子是不是进水了。”气得同事不客气地说：“你说话可不可以委婉点？”“还委婉，难道你不觉得自己很笨吗？甚至有点儿小脑不发达，连动作都不协调。”康妮也愤愤地说着。

后果可想而知，在日后的工作中，对方总是不给予康妮支持，刻薄的言语经常在工作中为康妮设置这样那样的障碍。

甜蜜的话语，客客气气地让人听了心里舒服；刻薄的言语，就像一把刀，可以刺得人心里流血。前者会使你成为别人心目中愿意接触的对象，后者则会使人对你痛恨不已，会在日后的接触和交往中不予合作或故意设置障碍。因此，待人接物、与人沟通，语气切忌尖酸刻薄。在批评他人时，切忌使用挖苦、讽刺的言辞，比如“就你了不起”“你不就是……”、“你怎么能这么傻”，等等，因为这是一种轻视他人的态度，也是缺乏修养、没有沟通风度的表现。有经验的女人在批评别人时，会采用各种技巧提出事实、讲道理，循循善诱，但绝对不会讽刺挖苦，或者用粗话侮辱别人。

当某人做错事时，一般情况下他自己内心也会反省，觉得抱歉、恐慌、不知所措。这时候，你若一再批评他指责他，他会因为你的谴责而羞愧难过，甚至从此一蹶不振，无法树立自信。所以，对那些已经认识到自己的错误并感到羞愧的人，不妨多一些关切，说“自己以后多注意，没关系”“下次你一定不会犯这样的错误了”，等等。这样，对方不但感激你的信任，还会感受到你的真诚，更重要的是获得了改正错误的信心。

安娜·玛桑就谈到这样的情形。玛桑小姐在一家食品包装公司当市场调查员，她刚接下第一份差事——为一项新产品做市场调查。她说：“当结果出来的时候，我几乎要崩溃了，由于计划工作的一系列错误，整个结果当然完全错误，必须从头再来。更糟的是，报告会议即将开始，我已经没有时间同老板商量这件事了。

“当他们要求我做报告的时候，我吓得发抖。我尽量使自己不哭出来，免得又惹得大家嘲笑，因为太过于情绪化了。我简短地说明了一下情形，并表示要重新改正过来，以便在下次会议时提出，坐下后，我等待老板大发雷霆。

“出乎意料地，他先感谢我工作勤奋，并表示新计划难免都会有错。他相信新的调查一定正确无误，会对公司有很大助益。他在众人面前肯定我，相信我已尽了力，并说我缺少的是经验，而非能力。

“我挺直胸膛离开会场，并下定决心这种情形不会再发生第二次。”

同样是犯了错误，在不同的对待下，就产生了不同的效果。严厉的批评让一个好员工另谋他处了，让友好的同事成了互相拆台的冤家:而信任和支持，让玛桑改正了错误，而且化成了工作的动力。

有人说，如果你使用了侮辱性的语言，或是用任何一种方式羞辱了被批评者，他们关心的就会是这个，而不会是批评的其他部分。因此，有修养的女性批评别人时，一定要学会给人留面子，多从对方的角度出发，把握批评的火候，千万不要刻薄，否则，不但收不到好的结果，还会适得其反。

Part 7

即使没有距离，也要掌握分寸

我们常说“过犹不及”，平时说话，不到位不行，过火了也不行，最好是恰到好处。这就像我们平时炒菜放盐，加少了没有味道，加多了无法下咽。

有些姐妹可能觉得，我和我的朋友、同事亲密无间，用得着这么注意吗？用得着，两个人即使没有距离，也一样需要掌握分寸。否则，你的话别人就会不愿听，不想听，到最后干脆不听。

职场上说话，最忌随口而出

经常接到闺蜜的电话，向我诉苦说今天又说错了什么话，一个劲地后悔不迭。我再次警示：必须改改直言快语的习惯了，不然早晚要吃大亏。生活中，的确有一些人性格爽快，快言快语，一看到、一听到某件事情就忍不住脱口而出，常常在不知不觉中得罪人，搞砸事。在人际关系复杂、充满利益纷争的职场，不经脑子，随口说话，更是一大忌。

午餐时同事们在聊昨晚看的电视剧，对剧中婆媳争吵的镜头，李大姐随口议论道："我看，现在的儿媳真是不知好歹，不愿意和老人住在一起。也不想想以后自己老了怎么办？"话未说完，旁边的小齐马上站了起来，怒声说："你说话干净点，不要找不自在，我最讨厌别人指桑骂槐！"

原来，小齐平素与婆婆关系不和，最近刚从家里搬出另住。李大姐由于不了解情况，无意中揭了对方的短，就这样得罪了小齐。

可见，说话前一定要多考虑，因为"说者无心，听者有意"。同样的一句话，不同的人听到了可能会有不同反应。有的人可能会觉得没什么，一笑了之；而有的人就可能会敏感些，觉得自尊心受到了伤害。你的无心之言，随时都会给

他人造成莫名的痛苦，所以在与人交谈时要尽量避免说一些有伤人之嫌的话语。

谁都不想自己说出的话在无意中给别人造成伤害。在交谈中，一定要注意在说出一些个人观点或见解时都要多加思量，不该说的话不要说出口，能说的话语也要用适当文雅的表达方式，以避免造成不必要的误会。

在日常生活中，我们还经常会遇到一些拿人取笑的例子，适当的调侃可以调节气氛，增添你的个人魅力，但有时也会在不经意间，给别人造成伤害，从而使得别人讨厌你甚至记恨你。

邱雯在公司里是一个很有幽默感的员工，人缘也非常好。

但是，她的一个朋友总暗示她，说话要注意分寸和影响，要三思而后言，口无遮拦是伤人的。但她对此非常不以为然。

她总是认为同事们都是心胸宽广之人，不会和自己计较，所以还是难以改变自己说话的习惯，总是想说什么张嘴就说，说错了直吐舌头，有时候引得大家哄堂大笑，但是有时候就会鸦雀无声。

终于有一天发生了一件事情，彻底刺激到了邱雯，而且几乎造成了再说任何补救的话都无法挽回的局面。

那一天，某位平易近人的领导来办公室闲坐，随意和邱雯开玩笑说："你的办公桌乱得像刚被打劫过。"邱雯听完，顺口说了句:"你的也好不到哪里去，有时候也乱得像猪窝一样！"

这位领导并不是会因为一句玩笑话而认真的人，但是，她说完这句话，整个办公室都安静了。邱雯意识到闯祸了：大家都知道上司是地地道道的穆斯林，对这些很忌讳。在大家异样责备的目光下，邱雯感到无地自容！

在职场中，如果说话不注意分寸，会让同事误以为你没有修养，让领导以为你不尊重他，从而慢慢你会失去很多发展的空间甚至成为公司淘汰的对象。

本来，办公室就是一个充满原则、纪律，讲求策略的场合。在这样的是非之地，说话一定要用脑子，切不可只顾一时痛快，信口开河，以为人家给你笑脸就是欣赏你，没完没了地把掏心窝子的话都讲出来，结果让人家彻底摸清了家底不说，还偷笑你不成熟，让你付出代价。

姜冰就曾经由于错误的说话习惯，使自己陷入了尴尬的境地。

姜冰刚进公司不久，对人非常热情。在和大家的聊天中，她认识了公司的很多同事，甚至发现主管居然是她母亲当年的“得意弟子”。这让姜冰既高兴又兴奋。果然，这位主管对姜冰非常照顾，只要有可以锻炼能力的工作，他都让姜冰进行尝试。有一次，公司对职场新人举办了一次非常重要的培训，按常理要公开评选有潜力的新人参加，但主管毫不犹豫地推荐了姜冰。

从主管办公室出来之后，姜冰很开心地对大家说自己拿到了培训的机会，大家也纷纷对姜冰表示祝贺。姜冰一高兴，居然口无遮拦地说：“这要感谢主管对我的照顾，当年他是我妈妈最喜欢的学生……”

说完这句话，姜冰开始觉得大家的表情变得不自然了，先是显得很吃惊，但马上又堆满了笑容，一看就知道是装的。经过这个事件之后，大家和她之间的距离就越来越远了，工作也常常会遇到以前没有过的麻烦，而且她发现有时同事们会在她背后窃窃私语。更要命的是，主管也开始刻意和她保持距离……

有一次，姜冰在吃饭的时候，听到不远处的同事在闲聊，有一个同事说：“你今早看到姜冰又到主管办公室了吗，看到她我就烦！”“算了吧，她能混多久，你以为主管喜欢她，主管现在也开始烦她了！”

听到她们的谈话，姜冰愣住了。原来，随意说话的习惯在职场上就是一把插向自己胸口的刀子！

职场是一个竞技场，每个人都渴望公平、平等的竞争，同事的反应是人之常情。相反，错的人是姜冰，她缺乏思考的习惯令自己和主管都陷入了困境。

实际生活中，女人都比较爱说话，三个女人一台戏，这话一多，难免比男人更容易失言。也许只是你随口一说，却已经在上司、同事眼里大打折扣。因此，女人在职场，说话必须留心。碰到问题别焦急，要懂得控制自己，有意识地让自己想一下，自己碰到的是什么问题？现在所处的环境、对象是什么？会产生什么后果？然后再说出自己的想法，效果就会好很多。改掉口无遮拦的毛病，你的人气才会更旺。

不该问的一定不要问

同别人交往时，总离不开“问”。但有些问题，问出来就是错。因此，不该问的千万不能乱问。

小琴好不容易才找到了一份在咖啡馆做服务员的工作，却只上了一天班就被老板炒了鱿鱼。想想她的条件并不是很差，也没有做错什么事，只是不小心问了一句不该问的话。

那天，小琴刚一上班店里就进来了三位客人，她随即拿着菜单，去让这三位客人点菜，第一位客人点的是冰红茶，第二位客人点的是冰咖啡，第三位客人点的也是冰咖啡，但是，他特别强调要用干净一点的杯子。

很快，小琴将这三位客人所点的饮料，用盘子端了出来，一边朝他们坐着的方向走来，一边还大声地向这三位客人问道：“你们谁点的冰咖啡是要用干净一点的杯子……”

就凭小琴的这一句话，老板当然会毫不客气地炒她的鱿鱼，因为谁也不会去用不干净的杯子。

在工作中，要讲究说话的方式，同样，在与人交往的过程中，也要把握好说话的分寸，不要问不该问的话。

很奇怪的是，你越是不希望别人问的，别人却总是想问，例如："薪水多少啊？""对象处得怎么样了？""怎么还不要小孩啊？"，等等。很多人对这些问题十分厌恶，这是因为，其中有些问题是属于个人隐私，并且是不想让别人知道的事。

春节刚过，我的朋友马静就遇到了这样的困扰。

马静结婚3年，夫妻俩感情十分好，虽然平时收入不高，但生活爱好却不少。小两口比较喜欢旅游，一年出去两三回就算少的了。马静夫妻岁数都不大，也不着急生孩子，两口子也就一直采取避孕措施。好在双方父母都比较开明，理解年轻人的想法。但是有的人却不理解。

这不，春节假期，马静夫妻俩去姨妈那里拜年，姨妈上来就问："今年挣了多少？"马静老老实实地回答，姨妈听了就说："哟，怎么才挣这么点啊，现在东西多贵啊，不行过年让你姨夫帮你换个工作吧。"

马静工作其实挺开心，也觉得现在的单位挺有前途，就谢绝了姨妈的好意。谁知道姨妈接着又问："怎么还没要孩子啊？"马静本来想说不着急的，结果还没说，姨妈就说："抓紧吧，也老大不小的了。要是一直要不上，就查查。别不好意思的，我们对门那两口子也是要了好多年没要上，结果查了，吃了点药，半年就要上了。"

姨妈的话把马静两口子说得面红耳赤，解释也不是，不解释也不是，最后找了个借口赶紧离开了姨妈家。

你看，当面打听和谈论别人隐私，是多么让人尴尬的事。尽管马静的姨妈本是好意，但这么说出来，当事人心里一定不好受。

相信你身边也不乏像马静姨妈一样的“热心肠”，她们一般喜欢关心别人，但是这种关心却是从打探别人隐私开始的，所以很容易招来对方的反感。结果呢，提问的人自己还很受伤——“好心当成了驴肝肺”。

而且，不打听、不谈论别人隐私，更是一种对别人尊重的表示。外国人非常注重和别人保持距离，尊重别人隐私。所以，在和他们交流的时候一定要注意这点，否则就会像下面这个刚参加工作不久的女孩小蒋一样了。

在卧铺车厢内，小蒋碰到了一位来华旅游的美国姑娘。由于对方首先向她打了一个招呼，她觉得不与人家寒暄几句实在显得不够友善，便操着一口流利的英语，大大方方地与对方聊了起来。

起初两个人有一搭无一搭地聊得还不错，小蒋问了她在中国旅游感觉怎么样，这个美国姑娘夸赞中国风景好，人也热情，等等。聊着聊着，小蒋觉得和对方混得挺熟了，于是她开始没话找话地询问对方：“你今年多大岁数呢？”不料人家所答非所问地予以搪塞：“你猜猜看。”

小蒋觉得没趣，转而又问：“到了你这个岁数，你一定结婚了吧？”这一回，那位美国小姐的反应更令她出乎意料：对方居然转过头去，再也不搭理她了。一直到下车，她们两个人再也没有说上一句话。

小蒋与那位美国姑娘话不投机，不欢而散，主要是因为小蒋在交谈中向对方所提出的问题，而这些问题在外国人眼里统统纯属不宜向他人打探的个人隐私。按照常规，对方是有权利拒绝回答的。

不光是小蒋需要注意，我们每个人无论是在职场还是在社交场合，在你准备向对方提出某个问题时，最好先在脑中想一遍，看这个问题是否会涉及对方的隐私。假如涉及了，就应该尽可能地去避免它。

除了隐私，还有一些问题是我们不适宜问的。例如：对方不明白的问题。假如你不确定对方是否能够充分地回答你的问题，那么还是不问为佳。假如你问一位医生："去年发生在本市的肝炎病例是多少？"很可能这个问题对方就答不上来，因为一般的医生都不会费神地记住这些数字。要是对方回答说"不清楚"，就会使答者失去面子，问者自己也会感到没趣。

再如，同行的营业情况。同行相忌，一般人都有这样的心理，在激烈竞争的社会里，往往人都不愿意把自己的营业情况或秘密告诉一个可能的竞争对手。即使你问到这方面的问题，也只会自讨没趣。

交际中，我们问话的目的是引起双方的兴趣，不是使任何一方感到没趣或反感，掌握好问话的尺度，你才会成为一个人气旺、朋友多的精品女人。

客气话说多了，就可气了

人际交往中，客气话必不可少。适当的客气，代表着我们对他人的尊重，它既能显现出一个人的涵养，还能够使我们和他人之间产生和谐、友善的气氛。但任何事情都是过犹不及，客气话说多了，就会让人觉得虚假、发窘，反而破坏真诚的交流。

萧楠大专毕业后，在一家小型物流公司担任文员。想着身边的朋友整天出入的都是高级写字楼，萧楠顿觉自己的渺小和黯淡。不知从何时开始，她说话时收起了人见人爱的小酒窝，取而代之的是一副成熟的职业姿态，举手投足间总把“理念、定位、意向、拓展”这样的词语挂在嘴边。

还有一次，时值午夜，在 KTV 热闹了一个晚上的同学聚会终于要曲终人散了，大伙儿在停车场互相道别，准备各自打道回府。萧楠决定抓紧最后一次机会展现她的职业风范，于是彬彬有礼地说：“各位晚安了，我们随后再联络。晚些时候，我会将照片公布在校友录上，烦请各位留心。”一句话果然赚足眼球，但随后就有人捶着她的肩膀笑骂道：“萧楠你还会不会说人话了？”

萧楠希望借自己的说话方式，来抬高身份。但适得其反，职业化的客气让大家觉得怪怪的，令人生厌。

所以，客气话要适可而止，多用就流于迂腐，流于浮滑，流于虚伪。有人替你做一点小小的事情，譬如倒一杯茶。你说“谢谢”，也就够了。要是在特殊的情形下，那么最多说：“对不起，这事情要麻烦你。”也就很够了。但是有些人却要说“呵，谢谢你，真对不起，我不该拿这些小事情麻烦你，真使我觉得难过，实在太感激了……”一大串，你在旁边听见也会觉得不舒服的。

有人就说，过分的客气话是最高明的逐客方法。如果你怕朋友们到家里打扰你，拼命跟他说客气话好了，临走勿忘请他有空再来，你知道他决不会再来的。这方法很奏效，胜于把他大骂一顿。

因此，对于相熟的人，人们更愿意随意点、家常点，而不喜欢听那些一本正经的端着架子的客气话。

闹市区里有家服装店，店里5位业务员当中以小佳的资格最老，但她的表现却最差。这究竟是什么道理，小佳自己也想不透，店长于是请了一位很有经验的指导员来店指导。结果发现小佳的问题出在客气话用得太多了。

“好的，您决定要买这件衣服了，非常谢谢您的惠顾，收你100元，请稍待一会儿。”

你一定想问：“这没有什么问题呀！”但是，她连经常上门的老顾客也不会稍微少讲一句客气话。结果反而令客人感觉不到亲切感，只觉得这位业务员的态度很冷淡。这从另一位业务员小冯的情况，就可以发现其中差别。

“欢迎光临。×× 小姐，你今天比较早下班喔！今天进了新货，还蛮适合你的，要不要试一下！”

稍微省略一些客气话，但仍保留重要的招呼语，这样反而可以拉近彼此之间的距离，不致令对方感到太过于生疏。

很少有客人会指名找小佳服务，指名找小冯的却很多。这并不是说客气话不必说得太多，只是随着彼此之间关系的变化，客气话也要用得恰如其分。

职场上，还有一些女人很谦虚，对于别人的赞赏，总是习惯性地客气一番。但有时候，过度客气却会在无意中损人。

一日，几个公司的高管聚会，其中有两三位女白领。为了表示对女性的尊重，在场的男士们想尽各种办法夸奖那几位女白领。其中一位冲着鲁伊说："你看鲁伊不但人长得好看，工作能力和水平也都在我们之上，年轻有为，女中豪杰也。"本来，这样的话都是场面话。人家这么一说，你就这么一听，嘻嘻哈哈逗几句嘴，也就很快过去了。但鲁伊很认真，感觉该男士当着这么多人的面夸奖她，实在是盛名之下，其实难副。于是，她很认真地对大家说，哪里哪里，我哪能和各位前辈相提并论。然后看着其中的一位姓白的男士，又说，我哪有什么水平，根本不行，连你们的白总都不如。

这话其实仍然是好话，说自己不如白总，还是等于抬高他。但这个抬高，只是相对于自己的抬高。如果放在白总所在的圈子，其实又是贬低了人家了。连某某都不如，这里面提出某某，往往是被人们普遍认为最不行的，连最不行的都不如，那就是更不行。鲁伊谦虚一把说自己更不行不要紧，无意中把白总也拖到了不行之行列。那人家心里能舒服吗？

鲁伊如此客气，实在是"可气"。职场上的姐妹们也常有被人恭维的时候，一定要引以为戒，切不可说出这样的傻话。

总之，任何事情都有一个度，过多的客气话会使人生厌和尴尬，让人觉得你迂腐、虚伪，对你敬而远之。如果这不是你想要的结果，就请速速扔掉那些缺乏真诚的客气话吧。

话说"八分饱"就已挺好

俗话说"八分饱、肠胃好"，吃饭的时候，八分饱的感觉是最舒服的，而八分饱又能保证基本的营养需求，是最健康的饮食方式。说话也一样。太满，太绝对，常常会让人下不来台。不把话说满，留点余地，不把话说死，才能进退自如。

有这样两个女推销员，她们推销的是同一新产品：袜子。为了表明这种袜子的优质，第一位推销员随手拿起一只袜子，说:"来帮帮忙，拿住袜子一端，使劲儿拉。"说着，她就和一位顾客对拉起来，袜子的韧性的确很好。然后她又随手拿起一根长长的针，在拉得绷直的袜子上来回划动，袜子也没有损伤，说:"看一看，这种袜子不易抽丝。"紧接着她又拿起打火机，在袜子下面轻快晃动，火苗穿过袜子，而袜子也未受到损伤。

在她一番介绍之后，袜子在顾客手中传看。一位顾客有意地拿起针，只是一划就在袜子上划了一个洞，原来顺着纹理划不易划破，并不是划不破。另一位顾客要拿打火机烧，急得推销员赶忙补充说："袜子并不是烧不着，我只是证明它的透气性好。"最后大家终于明白了怎么回事，袜子的质量没得说，但当时的气氛明显地影响了顾客的消费情绪。

而第二位推销员，也是一边说一边演示，不过她的介绍说得非常周到。她是这样说的："当然，任何事物都有它的科学性，袜子怎么会烧不着呢？我只是证明它的透气性好，它也并不是穿不破，就是钢也会磨损的。"这番介绍没有给天性爱挑剔的顾客留下可乘之机。接下来，她一边给大家传看袜子，一边讲解促销的优惠价格，销售效果明显好于前一位推销员。

同样的产品，不同的推销员会产生不同的效果。这两个推销员的对比，最重要的区别就在于他们说话的程度。第一个推销员把话说得太绝对了，如果达不到这样的效果，消费者自然会产生抵触情绪；而第二个推销员则把握好了说话的弹性，让消费者感受到了产品的质量，再加上合适的价格，所以，自然就收到了好的效果。

在日常生活中，人们难免会与某个人或团体产生矛盾，当这些矛盾发生后，有的人能以一种平和积极的心态来处理，而有的人则常常撕破脸，恶语重伤对方，与人交恶，口出恶言，动不动说出"绝交""势不两立"的话，这显得自己太没有度量，也是交际中的大忌。无论矛盾如何深刻，最好不要说出"势不两立"之类的话，否则日后万一有合作的机会，一定会左右为难，尴尬万分。

曾经有一对同事亲如姐妹，后来因公司的事产生了摩擦，很不愉快，一怒之下她就对那位同事说：从今以后我们之间一刀两断，彼此毫无瓜葛。这句话说完还不到3个月，她的同事就提升成了她的上司。因为她曾讲的话，处境很尴尬，所以，她最后只好辞职另谋它就了。

所以说，女人在做事时要讲究余地，不要把人逼上绝路，说话也要留有余地，不要把话说得太满。俗话说："三十年河东，三十年河西。"谁也不知道以后会发生什么事，说话行事为自己留有余地就是为了避免自己将来下不了台。

把话说得太满、太大，就像把杯子倒满了水，再倒就溢出来了；也像把气球灌满了气，再灌就要爆炸了。不如留有一点余地，自己何时都能从容转身。

在看电视时我们发现，很多名人在面对记者的询问时，都偏爱用这些字眼，诸如：可能、尽量、或许、考虑等，这些都不是肯定的字眼。他们之所以如此，就是为了留一点儿空间好容纳“意外”；否则一下子把话说死了，结果事与愿违，那不是很难堪吗？

平时，我们也要学学这些外交辞令，比如，对别人的请托可以答应接受，但最好不要“保证”，应代以“我尽量，我试试看”的字眼；上级交办的事当然要接受，但不要说“保证没问题”，应代以“应该没问题，我全力以赴”之类的字眼，这是为了万一自己做不到所留的后路，而这样说事实上也无损你的诚意，反而更显出你的谨慎，别人会因此更信赖你，即便事没做好，也不会太责怪你。

用不确定的词句可以降低人们的期望值，你若不能顺利地做成某件事情，人们因对你期望不高，最后总能谅解你，而不会对你产生不满，有时他们还会因此而看到你的努力，不会全部抹杀你的成绩；如果你能出色地完成任务，他们往往喜出望外，这种增值的喜悦会给你带来很多好处。

弓箭拉得太满就容易断，水缸里的水装得太满容易外溢，气球打得太满容易爆破，说话说得太绝容易出现尴尬局面。话说“八分饱”，才能容纳“意外”，避免难堪。

背后说人是非是一种恶习

“谁人背后不说人，谁人背后不被说。”从这句古话里，可以想见，背后说人是很多人的习惯。孔子的弟子子贡就有这样的毛病。

《论语·宪问》中记载了这样一段话。

子贡方人。子曰：“赐也贤乎哉？夫我则不暇。”

“子贡方人”就是说子贡喜欢在背后议论人。孔子对此很不满，就说：“端木赐呀，你今天议论这个，明天议论那个，是不是你觉得自己挺优秀？对于我来说，可没有那个闲工夫。”

千百年来，这种陋习仍然随处可见。在胡同里、办公室乃至厕所中，经常会看到几个人把头凑得很近议论他人，声音不大，但表情各异。喜欢八卦的女人更是热衷于此道。

“前台跟财务的小张关系暧昧。有人看到他俩相拥着散步呢！”

“听说啊，市场部的主管是总经理的小舅子呢。”

“嘿，听说了没有啊？陈经理好像跟小莉关系很暧昧……”

“听说老李家最近请了一位年轻的保姆。谁想到，老李竟然对她有意思呢。

听说，甚至……”

“为什么 ×× 总是和我作对？这家伙真让人烦！”

“×× 总是和我抬杠，不知道我哪里得罪他了！”

像这样的流言蜚语、是是非非，常常会引起矛盾，制造不和，是很多口角产生的缘由。这不，刘姐和小赵就吵起来了。原因是刘姐背地里说小赵家买新楼的钱都是灰色收入。说小赵的丈夫利用职务之便贪污受贿聚敛了许多钱财，否则小赵家怎么能买起 120 平方米的楼房，小赵怎能整天穿戴得那么入时、漂亮……

这种讲闲话、传谣言、搬弄是非的做法，不但有碍于别人的正常工作、生活，同时还有损自己人格，破坏自己在别人心目中的形象，着实是一种恶习。

乔玲和鲍冰同在一家公司工作。鲍冰在公司人缘极好，她不仅技能精湛，而且总是笑脸迎人，和同事和谐相处，乐于帮助别人，同事对她的评价很高。

一天晚上，乔玲有事找经理，到了经理门口时，听到里面正在说话，并且依稀有鲍冰的声音，她听到鲍冰正在向经理说同事的不是，平时很多不起眼的小事被鲍冰添油加醋地说着，并且还说到自己的坏话，借机抬高她本人。乔玲不由得一阵厌恶。从此以后，乔玲对于鲍冰的一举一动、每一个表情、每一句话都充满了厌恶和排斥感，她无论表演得多好，说任何好听的话，乔玲都对她存有戒心。而经理对鲍冰的态度也发生了变化，他对鲍冰很冷淡，因为他也有一双眼睛，他发现有些事并非像鲍冰所说的那样严重，他觉得鲍冰的人品有问题，因而在内心里已生厌恶之感。

在工作中的确存在这样一种人，她们说话做事，人前一个样，人后又是一个样。这样的人在别人面前有时甜言蜜语，而背后却很可能说你的坏话，给你造成不利的人际关系，严重破坏了同事之间的团结，这样的人迟早会被大家识破。一旦大家认清了她的嘴脸，她就会失去市场，成为过街老鼠。所以，我们必须要摒弃这种做法。

第一，要学会对自己说过的话负责任。不论你做什么事、说什么话，你首先要对自己的言行负责任，要做到话出有据，事出有因，千万不能捕风捉影，随意推断。话出口之前，首先要想到："我说的话如若让当事人知道来问我，我是否敢于承认是我说的，如果敢于承认，又是否能自圆其说。"如果你不能，那就趁话未出口之前，赶快把它咽下，免得说出来留下隐患。

第二，调整自己的心态，背后议论人的目的何在？是有仇恨还是妒忌？找出原因，正确面对，及时沟通，解除疙瘩。

第三，换位思考。即自己要清醒地认识到，自己在议论他人的时候，别人也在议论自己，自己也是受伤害对象，如果觉得不议论人就不行，也可以找些知心的朋友诉诉苦，你会发现没什么大不了的。

姐妹们一定要认识到，背后说人是道德品行低下的表现，是被人看不起的行为。一个人如果真的想让别人看得起自己，首先就应该改掉背后说人的毛病。一旦这种毛病粘在一个人的身上，她就永远摆脱不了品质低劣的嫌疑。

聪明人看得起自己，不自轻自贱，不自降水准。她们不会认为自己说的就是真理，也不奢求别人一定会认同。事实上，背后说人的人所说的往往是偏见，如果是真理就用不着背后去说。

俗话说：静坐常思己过，闲谈莫论人非。一个真正优秀的人，经常想到的是自己的不足，以求不断地完善自己，而不是靠议论别人的短处来抬高自己，来证明自己的优秀。

为了不让伤害互相传递，不要让自己的嘴误了大事，请管住自己的嘴，改掉背后说人是非的恶习！

明话暗说，帮你摆脱困境

很多人说话都喜欢直来直去，想什么说什么，固然是一种好习惯。可有时难免遇到不便直说、不忍直说、不能直说的情景。在这种情景下，如果说了直话，可能影响到人际关系，给自己添麻烦，伤害到别人。

因此，有些话就需要说得委婉些、含蓄些。从侧面切入，暗中点明自己要说的话的主要含义，效果比直截了当还要好些。

一个单位的职员到领导家求领导帮忙办事，领导夫人热情招待，很有礼貌地端果倒茶。这位职员办完事后，竟然在领导家与领导高谈阔论起来。天色已经很晚了，领导的孩子还要早点休息，领导夫人也很疲倦了。但是，客人此时说得正酣，也不好直接请客人出门，怎么办呢？领导夫人便到厨房收拾了一下家务，然后回到房间对丈夫说:“人家这么晚来找你，你快点给人家想个办法，别让人家总这样等着。”然后又对客人说 :“您再喝杯茶吧。”这位职员听到领导夫人的话，很知趣地听出了领导夫人的弦外之音，马上告辞了。

领导夫人将自己的意思曲折地表达出来，既尊重了客人，不致让客人难看，又不需直接说出自己的想法。表面看她是在为客人说话，为客人帮忙，但实际却在传达另一个含义。这种因情因势的表达，语言得体，又达到了自己的目的。

许多话是不必说得过于清楚的，含蓄些，不仅容易让人接受，还能够顾全面子，避免尴尬。

李敏到百货商场买东西，忘了交钱就提着东西走了。机灵的售货员知道她并非是有意买东西不给钱，便追出来叫住李敏：您先别急着走，我还没帮您将东西装好呢。把李敏请回了店里后，她边将东西往塑料袋子里装，边说道：这条毛巾 5 块钱，这块肥皂 4.5 元，这把筷子 5.2 元，一共是 14.7 元。请您到 3 号交款台去交了钱后再来取东西。经售货员这么一说，李敏恍然大悟，一边拍了拍自己的额头，一边笑着说：对不起，我忘记交钱了，谢谢您的提醒。说完，便高兴地付款去了。

任何一种意思都可以含蓄隐晦地表达，通过明话暗说，棘手的问题也可以轻而易举地解决。

30 岁的海燕最近觉得有点委屈，自从 2005 年大学毕业进入这家广告公司，已经在这里待了 7 个年头了，中间也不是没有跳槽的机会，但都被她拒绝了，因为她还是很喜欢这家公司的环境，更重要的是，她相信只要自己努力工作，肯定有提升的空间。但是这几年下来，她只是由普通职员变成了一个小小的主管，至于薪水，已经很久都保持一成不变了，看见别的同事又是升职又是加薪的，怎么也轮不到自己，她一想起来就气不打一处来。

有一天她觉得自己再也忍不住了，冲进老板办公室就是一阵连珠炮：“我这几年多努力啊，做得有多好啊，我觉得我应该加薪，如果你再不给我加薪我就只有辞职了！”结果老板抬起头来，只说了一句：“那好啊，你辞职吧。”海燕当时就傻了。

和海燕不同的是，在一家私企工作的万彤同样认为自己已经达到加薪的标准了，她决定要采取行动但却没有贸然行动，在充分了解老板性格和对自己的能力有自信的前提下，她虽然绕了一点弯子，但最终达到了加薪的目的。

一次公司所有人参加的聚会中，万彤看见老板在玩新款的手机，表示出很感兴趣的样子，还插科打诨问老板是在哪里买的、多少钱之类的问题。老板也很热心，还说要给卖这个的朋友打个电话，给万彤打个折，没想到万彤双手一摊，半开玩笑半认真地说了句："我是想买一个，但还是再等等看吧，现在的薪水买不起啊。"

经过这次暗示，老板后来主动找万彤进行了一次谈话，在对她的工作表示肯定的同时还指出了一些需要改进的地方，万彤虚心接受后改进了那些问题，不久之后，万彤真的被加薪了。

遇到难题，遭遇困境，不便明说时，试试委婉的方法，暗中点出来，对方自会心知肚明，这不知要比当面指责、让人下不来台强上多少倍。

你再强大，也要主动示弱

如今的职场上，独当一面的女强人处处可见，她们精辟的见解、麻利的行动，彰显着她们卓越的职业素养，突出的业绩更是令众多男士汗颜。但是，过于强势，不得人心，也是她们身上的通病，凌凌就是这样一个职场女人。

凌凌是一个业务员，她的销售技能和业务关系都非常好，因此她的业绩在全公司里是最好的。但是取得了成绩以后，她就开始对别人指手画脚了，尤其是对那些客户服务人员。

本来这些客户服务人员非常支持凌凌的工作，只要是她的客户打来的电话，客服就会马上进行售后服务的。但是由于凌凌动辄说“是我给你们的饭碗，没有我你们都要饿死”这样的话，要不然就是说这些客服人员服务不好，她的客户向她投诉等。客服人员不跟她争辩，但是却通过行动来与她对抗。

后来，凡是凌凌的客户打来的电话，客户服务人员都一拖再拖。最后，这些客户打电话给凌凌，并把怒火发到她的身上。由于后续服务不到位，凌凌的续单率非常低，原来的客户也都让其他业务员抢走了。

也许你确实很优秀，但是并不代表没你不行。也许你的贡献确实比团队其他成员大，但是你的成功也不能离开团队别的成员对你的配合。如果没有强大的团队作为支撑，你一个人不太可能把工作做得那么好。所以，千万不要认为这个事情没有了你就一定不会成功，否则你就会有一种骄矜之气。没有了其他同事对你的大力配合，恐怕你这个孤家寡人离失败也就不远了。

因此，即使你再强大，也要学会主动示弱。说话总是咄咄逼人，能力再强也不会有人真正欣赏你。例如，当上司对某件事做出指示时，如果你面无惧色地拍案而起："部长，在我看来，这次的案子A计划会更好。因为……"起初上司或会赞许地笑道："呵呵，好一个敢说敢为的初生牛犊！"然而一而再再而三之后，不论你的见解多么有建设性，上司也会渐生厌烦："难道我竟不如你？"在这个依然视"上命下服"为美德的社会里，如何有技巧并有效地展现自我，需要不断的修炼。其中有一条基本要诀，便是要学会放低姿态，低调做人。

什么叫示弱？示弱就是在人前不拔尖儿，无论对谁都是笑脸盈盈、亲亲切切、不卑不亢。示弱是难做的，但也是职场女性必须具备的一项素质。能够放下身架，"软语"待人的女人，才能实现沟通的顺畅。

另外，现实生活中，出色的人常常容易遭人嫉恨，如果你是职场红人，一定要注意展现自己的弱者姿态，来平衡大家的心理。比如，不妨告诉大家自己学历太低，经验有限，知识能力也有所不足，跟不上新时代的变化，对于网络一窍不通，有过种种曲折难堪的经历，表明自己实在是个太平凡的人；对于眼下经济不如自己的人，可以适当哭诉自己的苦衷，如健康状况欠佳、子女的学业不妙以及工作中诸多的困难，让对方感到"人家也有一本难念的经"。某些专业上有一技之长的人，最好宣布自己对其他领域一窍不通，袒露自己在日常生活中如何闹过笑话、受过窘等。至于那些完全因客观条件或偶然机遇侥幸获得名利的人，更应该直言不讳地承认自己是“瞎猫碰到死耗子”。

善于示弱的人才是真正的强人。聪明的女人，不要事事逞强，适当显露一下自己的软弱吧，你的朋友会更多，你的职业道路会更平坦宽阔。

偶尔善意的谎言不为过

一提到“谎言”，你是不是就本能地反感。也难怪，我们都是崇尚真诚、善良的人，向来唾弃和蔑视谎话。毋庸置疑，这是应该的。然而，有时候我们发现，谎言并不能根本杜绝，谎言有时是必要的，那些为了让对方快乐而用心说出的谎言是美好的，这和真正意义上的欺骗是不相同的。

职场上，善意的谎言已经成为处理人际关系的一种润滑剂。某知名电脑公司的高级职员曾对虚伪现象这样评价 :“适度的虚伪就像甜美的谎言一样，容易让人感受到惬意。”

同事烫了个爆炸头很难看，你恭维说 :“这个发型显得非常活泼！”

上司追问项目执行不畅的原因，你推脱说 :“这几天我刚好出差，不太了解情况。”

客户在周末联系你，你借口说 :“我很想约你出来聊聊，只是今天加班太忙了，实在抽不出时间。”

平日里，分明正坐在电脑前和别人聊得火热，MSN 上却显示“离开”。

晚上玩得太晚第二天睡懒觉，上司电话询问时张口就答“我在拜访客户”。

见到客户，都叫“帅哥美女”，张口就把对方年龄往小里猜。

拖欠付款的时候说，我已经把报告送上去了，要走流程嘛，放心月底肯定会付……

都说“水至清则无鱼”，人在职场，绝对不说谎，真不太可能。谎言，是一种手段、一种“处事方法”，一些无伤大雅的谎言常常能帮助我们完成一些较为麻烦的事，保持我们在别人心目中的良好形象。

听说集团的新项目要内部选拔一批年轻骨干，Jane 打算抓住这次机会。于是，她经常约上司一起午餐，这是沟通的最佳时机。不仅如此，Jane 总是见缝插针地赞美上司，或是送一些小礼物。最近，她还特意找来香港迪士尼的免费券送给上司，热情地表示：“暑假到了，可以带小朋友出去走走，迪士尼最适合了。平时您总是辛苦地工作，也该找个时间好好休息一下……”其实，Jane 一向都不欣赏这位上司，如此讨好无非是希望得到晋升机会。根据公司内部规定，员工晋升必须有主管上司的推荐。也就是说，她的前途完全掌握在上司的手里，嘴巴自然得甜一些。

可见，善意的谎言在职场中很重要，它显示出你为人处世的灵活老到。有些时候，做事不那么死脑筋，更能在僧多粥少的激烈竞争中，争取到难得的机会。

孟莎是一名大四的学生，高考时因为分数的原因没有被第一志愿录取。“我从小就喜欢画画，一直不太喜欢自己现在所学的行政管理专业，更喜欢艺术设计，将来找工作也想从自己的兴趣爱好出发。”因此在大学期间，孟莎一有时间就泡图书馆，翻看一些艺术、建筑设计和绘画方面的书，自学起了“第二专业”，为以后做打算。

临近毕业，周围同学都开始投简历找跟专业对口的工作，可孟莎还是没有放弃自己的想法。一次上网，她看到一家设计公司在招聘，心想自己努力了这么长时间，应该去试试，便投了简历，竟很快收到了面试通知。参加面试的有 20 多人，可是岗位只有 3 个，而且招聘方一上来就设置了一个“门槛”:“我们公司的专业性比较强，优先考虑相关专业的人，这样上手比较快。”招聘负责人此话一出，等于否定了很多前来应聘的人。“请满足这一条件的人跟我过来，进行第一轮面试。”当时孟莎一下子慌了，但又不希望机会就这么付诸东流，何况自学了这么长时间，专业技能素质也并不比别人差。于是孟莎也起身跟了进去。

“你的专业是行政管理？”面试官拿着孟莎的简历疑惑地问。“我主修专业确实是，但是第二专业是艺术设计。”孟莎灵机一动，向面试官撒了这样一个谎。孟莎还将自己设计的作品递给面试官看，还聊起了自己对艺术设计的热爱和对相关方面的一些见解。整个面试过程，孟莎表现自信，也很出色。就这样，她成功地将自己推销了出去。

“标准是人定的，可事在人为。”孟莎事后感慨地说：“我虽然撒了谎，谎报了自己的专业，但我觉得合理的修饰可以为自己争取机会。因为在这其中，虚假的东西只有我的专业名称，除此之外，一切都是货真价实的。只要你真的有实力，所有条条框框的限制就只是仅供参考。”

还在犹疑的姐妹们，善意的谎言已经成为职场一种常用的手段和处世方法，有时甚至是处理人际关系的润滑剂，我们偶尔用用并不为过，但运用时一定要注意尺度，不要违背商业规则和职业道德。

Part 8

有效说服，世界都会听你的

我们常常羡慕那些很会劝人的女人，遇到争论或抵触时，她们总是三言两语，就能让听者心服口服。这样的风度和气场，我们也可以修炼的。了解一些心理学常识，懂得一点话语操纵术，把话说到别人心坎里，那别人就会很乐意接受你的意见。

先看穿对方的心，再攻心

许多谈判高手都表示，要说服一个人，口才不是重点，攻心才是关键。美国联邦调查局一位专门测写罪犯人格和心理的探员，多次突破重大罪犯的心防，因而侦破了不少重案。而当记者采访他时，却发现他竟然是个不善言辞的人，他的话不多，却每个字都很精准且有力量。他告诉记者，他不是个善辩的人，而要盘问罪犯，靠的也不是口才，而是攻心策略。

说服别人时，你的话是子弹，而对方的心理弱点和需求，是唯一的目标靶。如果瞄不准靶子，或是根本看不到靶子，尽管妙语如珠、说话像机关枪，也只是浪费子弹。这时候，不如找一位狙击手，只要一颗子弹，正中靶心，胜过乱枪打鸟。攻心，正中对方的罩门，找出对方恐惧的关键，满足对方的需求，你就可以拥有你想要的结果。

在生活中，很多人都以为所谓的说服高手说话就要像机关枪一样，事实上，话越多的人，思考就越少，而且说话太多太快，对方也根本无法吸收，纯粹是浪费口水和力气，对谈判结果和说服任务一点助益也没有。因此，在说话之前，一定要先摸清对方的心理特征，做到“欲攻其人，先攻其心”。

但攻心，必须先了解他的人，把准他的脉，看穿他的心，摸清他的意图，才可以确定自己该怎么做才会最有效。

也许有姐妹会说，人心隔肚皮，如何才能看穿？虽说人心藏于胸腹中，不易为他人所理解，但是人的心思却可由显现于外的表情、动作、言谈等流露出来，从中可以窥探到对方心理。即使是极端型的面无表情者，其心理状态也无法完全不表现在其举止之间。通过细致观察对方的言谈举止，就可以看穿对方的心。

美国著名的成功学家、“钢铁大王”卡耐基是一个不好虚名重实际的人，只要对事情有好处，他就不吝啬于将出风头的事让给别人。卡耐基更厉害的一点还在于，他能够清楚地洞悉对方内心真正的需求，然后有的放矢，当然百发百中。

有一年，卡耐基结识了一位名叫弗里克的青年，此人经营焦炭业，号称“焦炭大王”。卡耐基的钢铁公司需要焦炭，而且他对弗里克的胆识与才干非常赏识，如果跟弗里克合作的话，对他的事业无疑是有好处的。

卡耐基知道弗里克为人十分自负，如果不把他的面子照顾得很周全，即使他明知对自己有利，也不会合作的。于是，他将弗里克请到自己家里，热情接待。其时，卡耐基已年近 50，比弗里克差不多大一倍，他的财富则比弗里克多无数倍，但他仍然在弗里克面前保持着礼貌和谦逊。尽管弗里克是个骄傲自负的人，也不禁对卡耐基产生了好感。这时，卡耐基才提出合作成立一家煤炭公司的建议。他还大度地表示，新公司的总价值是 200 万美元，弗里克的焦炭公司约值 32.5 万美元，其余 160 多万美元都由他支付，股份双方各得一半。

只出不到 1/6 的资金，却能得一半股份，这是打着灯笼都难找的好事，弗里克却还在犹豫，如果公司以卡耐基的名义运作的话，他是不乐意的。因为他是一个“宁为鸡头，不为凤尾”的人。

卡耐基看出他的心事，补充道：“新公司的名称是弗里克焦炭公司。”

弗里克再无疑问，当即爽快地同意了。此后，弗里克成为卡耐基的合作者，日后更成为卡耐基钢铁公司的高层领导之一。

卡耐基知道，作为商人，当以求利为本。利来而名自至，根本用不着考虑一时的虚名，可是弗里克却没明白这个道理。卡耐基看穿了他想要个虚名的心理，并且投其所好地及时奉上，立刻获得了弗里克的合作机会，这笔买卖，卡耐基付出的不过是一个虚名，一顶空帽子，但收获的却是实实在在的利润。这笔生意，卡耐基做得真是很划算，而这笔买卖成功的关键，就在于看透了对方的心思。

洞察对方的心思，还需要多方面地去了解对方，弄清对方的好恶及处事的原则。

1979年，著名物理学家、诺贝尔奖获得者李政道首次来华讲学，在科学界引起了轰动。但是他声明不见记者，原因是当时某些媒体对科学的报道不“科学”，常用一些不合实际、故意拔高的形容词，李政道对此十分反感。

新华社记者顾迈南却别出心裁，他天天跑到科学会堂去听李政道的课，从侧面了解他的经历、成就、治学精神，以及他拒绝同记者交谈的原因。有一天，顾迈南在休息室里见到了李政道，几句寒暄之后，他诚恳地对李政道说：“李教授，我知道您对国内一些报刊颇有微词，对他们用些故意拔高的词很不满。您的批评是中肯的，我们十分感谢。如果我写了有关您的报道，一定请您过目之后再发表。”

“这样才好，这样才好……”李政道点头说道。他被记者的诚恳态度打动了，同他交谈起来，谈了许多有价值的信息。顾迈南据此写出了长篇通讯《李政道在中国讲台上》，在国内外都产生了很好的影响。

顾记者首先了解了李政道反感媒体采访的原因，然后对症下药，消除了对方的顾虑。于是距离拉近了，才有了这次坦诚的交谈和效果非凡的稿子。要是他也跟其他的记者一样，一见面就大肆恭维李政道先生的成果，那不正是犯了人家的忌讳，惹得先生不高兴吗？还何谈采访、报道等下一步的工作呢？

总之，说服的第一步，就是要先了解其人，洞察其心，如果你能把话说到对方心坎里，对方就会很乐意接受你的意见，甚至从此对你刮目相看。

让对方感觉是为他着想

生活中，你是否遇到过这样的情景：你与别人争论某个问题，分明是为对方着想，自己的观点也是正确的，但就是不能说服对方，有时还会被对方“驳”得哑口无言。这是什么原因呢？心理学家认为，要争取别人赞同自己的观点，仅观点正确还不够，还要掌握方法。你要让对方感觉到你是在真心实意地帮助他，为他的切身利益着想，而没有丝毫的不良企图。

美国汽车大王福特就曾说过一句说：“假如有什么成功秘诀的话，就是设身处地替别人着想，了解别人的态度和观点。”因为这样不但能得到你与对方的沟通和谅解，而且能更清楚地了解对方的思想轨迹及其中的“要害点”，瞄准目标，击中“要害”，使你的说服力大大提高。

卡耐基有一次租用某家饭店的大礼堂来讲课。有一天，他突然接到通知，租金要增加三倍。卡耐基去与经理交涉。他说：

“我接到通知，有点儿震惊，不过这不怪你。如果我是你，我也会那样做。因为你是饭店的经理，你的职责是尽可能使饭店获利。”

紧接着，卡耐基为他算了一笔账：“将礼堂用于办舞会、晚会，当然会获大利。但你撵走了我，也等于撵走了成千上万有文化的中层管理人员，而他们光顾贵饭店，是你花 5000 美元也买不到的活广告。那么哪样更有利呢？”经理被他说服了。

卡耐基之所以成功，在于当他说“如果我是你，我也会这样做”时，他已经完全站到了经理的角度。接着，他站在经理的角度上算了一笔账，抓住了经理的诉求——赢利，使经理心甘情愿地把天平砝码加到卡耐基这边。

卡耐基找到了经理的心理诉求，并设身处地地站在他的角度分析利弊得失，取得了经理的信任，从而成功地说服了他。可见，站在对方的立场上，用“如果我是你”来晓之以理，往往会取得良好的说服效果。

有家电视台，每周设置一次关于人生问题讲座的节目，收视率比其他时段的节目要高出许多。收视率之所以高，当然有许多的原因，但其中最重要的原因，是观众们欣赏节目中的巧妙答话。

大多数有疑难问题而上电视请教的观众，在开始时会对解答者所做的种种忠告提出反驳或辩解，并且显得十分不情愿接受对方所言。但久而久之，于不知不觉中就会对解答者所说的每一句话都颔首称是，看着电视画面，觉得比在电影院看一场电影还要好。

凡电视台的主持人或问答者，无不是精挑细选才产生出来的，所以光是听听他们的说服方式也获益不少。

对于不易说服的人，最好的办法就是使对方认为你与他是站在同一立场的。通常出现在这类探讨有关人生问题的电视节目上的观众，以离婚女子占多数。此时负责解答疑难者常说的一句话是：“如果我是你，我会原谅他，而且绝不与他分手。”

你千万别认为话中的“如果我是你”只是短短的单纯的一句话而已，殊不知它能发挥的效力是多么不可限量！而这也是由于人人都认为“自己是最可爱的”心理所致。

如果你在说服别人的过程中，无意间使用了一些不太妥当的言辞，由于你巧妙地运用这句“如果我是你”，结果就会弥补你言辞上的过失。不仅如此，它还能促使对方做自我反省，并终于感觉到唯有你的忠言，才是对自己最有利的。

因此，劝说别人时，你应该做到推心置腹，动之以情，讲明利害关系，使对方觉得你们是在公正地交换各自的看法，而不是抱有任何个人的目的，更没有丝毫不良的企图。

下面是两个销售员销售卡车的对话，由于出发角度和立场不同，最后的结果也大不一样。先来看看销售员甲是怎么做的：

销售员甲：“王总你好，贵公司需要的卡车，我们有。”

王总：“吨位多少？”

销售员甲：“4 吨。”

王总：“我们要 2 吨的。”

销售员甲：“4 吨有什么不好呢？万一货物太多时，不是正合适吗？”

王总：“我们也要算经济账啊！这样吧，以后我们要时再通知你……”

这样谈判当然是以失败告终了，可是如果换一种方式就不一样了。再来看看销售员乙是怎么做的：

销售员乙：“王总你好，贵公司需要的卡车，我们有。”

王总：“吨位多少？”

销售员乙：“你们运的货每次平均重量是多少？”

王总：“大约 2 吨吧。”

销售员乙：“有时多，有时少，是吗？”

王总：“是的。”

销售员乙：“究竟需要哪种型号的卡车，一方面要看是什么货，一方面要看在什么路上行驶，对吗？”

王总：“对。”

销售员乙：“假如你在丘陵地区行驶，而且那里冬季较长，这时汽车的机器和车身所受的压力要比正常的情况要大一些，这你也知道的。”—— 已经认同的观点。

王总：“没错。”

销售员乙：“你冬天出车的次数比夏天多吗？”

王总：“多得多，我们夏天生意不太兴隆。”

销售员乙：“有时货物太多，冬天又在丘陵地区行驶，汽车就会经常处于超负荷状态。”

王总：“对，是那么回事。”

销售员乙：“你决定购车型号时，是否留有余地？”

王总：“你的意思是？”

销售员乙：“从长远的观点看，是什么因素决定买一辆车值不值呢？”

王总：“当然是看它的使用寿命了。”

销售员乙：“如果你买一辆车总是满负荷，就会缩短使用寿命，就不划算。而如果你买一辆车从不过载，这辆车的使用寿命就会相对很长，就很划算。”——

再推出自我观点。

王总："……那你们的4吨车，能否价格再低些？……"

经过一番讨论，最后王总决定：多花3500元买下销售员的一辆载重4吨的卡车。

销售员乙的成功之处就在于，他善于从对方已经认同的观点出发，从对方的利益角度提问，问题都是对方已经认可的用车常识问题，并且在对方认同观点的基础上再进一步提出自我观点，后果怎样，你可以自己判断，最终达成交易。

如果想让别人接受我们的逻辑，按照我们的意思去办，我们就应该多站在对方的角度去考虑问题，多想想他们在想些什么、想得到什么、不想失去什么，然后再制订策略。

说服别人，强迫绝对不是最好、最有效的沟通方式，只有站在他人的立场上分析问题，给对方一种为他着想的感觉，他自然会相信你是对的，并按照你的意见行事。

把你的想法植入对方的头脑

女人比男人更善于讲道理，劝说别人时，动不动就来一通苦口婆心的说教，不但起不到说服的目的，还会遭受别人的厌烦。总想把自己的思想硬塞到别人的脑袋里的做法是不明智的，如果你想让别人接受你的观点、贯彻你的想法，最好的办法是巧妙植入，不露声色地引导他得出你想要的结论，还让他觉得那是来自他自己的主意。

赫斯特是一位非常著名的出版商，他拥有 23 家报社、12 家杂志社。然而，他当初也仅在旧金山拥有一份报纸而已。

有一次，恰逢著名漫画家纳斯特来到旧金山，而赫斯特当时正在进行一个非常重要的计划：他想在自己的报纸上刊登一些东西，以此来发动人们敦促电车公司在电车前面装上保险杠，从而提高乘坐电车的安全性。当他听到纳斯特来旧金山时，他立刻想到，如果请纳斯特画一幅相关的漫画刊登在报纸上，一定能引起人们对此事的普遍关注。

然而，事实上，纳斯特替他画的第一幅画却并不怎么让他满意。那么，怎样才能让这位著名的漫画家心甘情愿地画出符合自己心意的画呢？为此，赫斯特一直思考着。

这天晚上，赫斯特与纳斯特共进晚餐，赫斯特对纳斯特的那幅漫画大加赞赏一番，之后他又接着说："这儿的电车总是出现事故，已经让许多孩子成了残疾、甚至失去了生命。有时候，我觉得那些电车就像吃人的妖怪一样，在街道上横冲直撞，视人的生命于无物。"

听赫斯特说到这里，纳斯特突然跳了起来，大声地叫道："天啊，先生，我突然有了一个更好的构思，我保证能画出一张更加出色的漫画。请你把原来的那张撕掉吧，我重画一张。"

于是，纳斯特兴高采烈地回到宾馆里，开始挥毫作画，直到深夜。第二天，他果然送来了一幅符合赫斯特心意的杰作。

赫斯特在闲聊中，不动声色地将自己的想法说了出来，借用这种暗示将想法传递给对方，让对方接纳了自己的创意。而在对方看来，还以为是自己灵感突发，发现了一个绝妙的构思，从而高高兴兴地按照赫斯特的心意做事情。

由此可知，如果让对方相信，一切都源自于他们自己的创意或想法，而并非是沿袭他人的思路，那么就能够满足对方的自尊心和成就感，进而调动起他行动的积极性，让他心甘情愿、高高兴兴地按照你的想法去做事情。而那些总是能让他人为自己效力的人，无一不精于此道。

林肯主持白宫期间，有一位非常有能力的政治家叫查尔·撒姆纳。像许多有才华的人一样，查尔有些恃才傲物，想让他为谁效力可不是件容易的事情。然而，林肯用了些技巧，很巧妙地利用了他的虚荣心，一定要让他相信，那些内阁的议案在很大程度上是出于他的谋划，以此来获得查尔对议案的极力推崇，从而使议案得以顺利实施。后来，格兰特继任林肯做总统，由于不善此道，他对查尔·撒姆纳简直就是无计可施，很多时候都不能获得查尔的支持。

无疑，要认可并按照他人的想法来行事，这多少都会让人心里产生不适感，

尤其是当他人的想法、创意或者计划比自己的想法还要好的时候。因此，如果想说服对方执行你的计划，不妨采用一些技巧，把你的想法悄悄植入对方的头脑，使其产生“计划是出于自己”的错觉，让他在不知不觉中、高高兴兴地去做那些你想让他做的事情。

李玫到公司下属的一个分公司任副总，她发现她的属下是一群自由散漫、失去斗志的推销员，她必须作出整顿。幸运的是，她非常善于开动脑筋，用一套与众不同的说服方法打动他们。

在第一次公司会议中，李玫先鼓励大家说出他们希望能从她身上体现出的东西。在他们说话的同时，她把他们的想法都一一写在黑板上。然后，李玫说："我会把你们要求的我的个性全部展现给你们。现在，请你们告诉我，我能从你们那儿得到些什么？"

答案自然有很多，都是属下们自愿提出来的，包括忠实、诚恳、团结、勤奋，每天热情地工作8小时，积极加班，甚至有人表示愿意每天工作12个小时。最后，会议在群情振奋、信心百倍的气氛中圆满结束。

从此以后，一切都朝着李玫希望的方向前进，她的属下没让她失望。

李玫的做法最值得借鉴的地方是，她认真探询了所要说服的对象们的希望和愿望，将他们引导到一个非常自觉的状态，让他们自己说服自己，最终形成了一个道义上的交易。它的好处在于，只要李玫遵守她的诺言，她的属下们也会遵守自己的承诺。这样的说服非常有效。

我们每一个人总是希望一切行为都是出于自愿，或是按照我们自己的想法做事，不愿意被别人强迫，硬塞进我们脑袋的想法总是不能让人心服。因此，聪明的女人在说服过程中会巧妙地提一些建议，让别人自己去得出结论，这样他贯彻起来也会更加全心全意。

找到对方的软肋就能说服

人无完人，每个人都有其致命的弱点，也就是软肋。遇到意见分歧时，会说话的女人会抓住对方弱点进行攻击，往往战无不胜。

要想成功运用这一方法，必须扎实地做一些准备工作。首先就是掌握对手的情况，取得第一资料；其次就要根据这些资料，仔细地研究对手，找到对手的长处和短处；再次就要求我们要掌握好时机，在对手没有觉察的时候，迅速出手，攻其不意，给对手来个措手不及。

我们从下例中印度画商与美国画商的较量中，可见一斑。

在比利时的一间画廊里，一位美国画商和一位印度画商在激烈地讨价还价，争得不可开交。原来，印度画商带来的一批画，每幅开价都在 10 ～ 100 美元之间，唯独对美国画商选中的三幅画，每幅要价 250 美元，一文不让。美国画商对这种敲竹杠的行为当然不满意，不愿成交。不料，印度画商大为生气，抓住三幅画中的一幅，当场点火烧掉了。美国画商见他把自己喜爱的画烧了，心里觉得很可惜。他问印度画商，剩下的两幅画价格是否能低点儿。不料印度画商毫不让步，坚持每幅 250 美元，一点儿也不能少。美国画商仍然嫌价钱太高，不愿买下。于是，印度画商又抓起一幅画烧掉了。这下美国画商沉不住气了。他酷爱收藏名人字画，只好低声下气地乞求画商不要烧掉这最后的一幅画，愿意将它买下来。打掉了美国画商的气焰，印度画商乘胜出击，将这最后一幅画提价到750美元。美国画商不敢有任何反抗，乖乖地付了款。这位印度画商，就善于抓住对方的弱点——其爱画的心理，然后出其不意地达到了自己的目的。

充分掌握对方的各种资料，尤其是对方的性格弱点。只要能抓住问题的关键，切中他的要害，轻轻点他一下，他就会恍然大悟，立刻听从你的意见。

生活中每个人都会依各自的趣味而具有自己特别喜欢的东西。你要首先掂量他的性格特征，然后试探他的弱点。再抓住这个弱点进行攻击，只要这样，你就一定能说服他。

比如，对于耀武扬威逞强的人，要向他表示屈服软弱，以观其变；对高傲骄纵的人，要向他表示恭敬谦让，久而久之使其放松警惕，寻机战胜他；对刚愎自用的人，要用诱敌取胜的方法战胜他；对胆怯犹疑的人，要逼其到前方，再找人呐喊助威，略用计谋就可战胜他；对十分懦弱的人，只要大声鼓噪地恫吓他；对于骄傲自大之人，就要攻其傲气，使其无话可说。

在一次国际会议期间，一位西方外交官非常傲慢地对中国一位代表提出一个问题："阁下在西方逗留了一段时间，不知是否对西方有了一点开明的认识。"显然，这位外交官是以傲慢的态度嘲笑我国代表。我国代表淡然一笑回答道："我是在西方接受教育的，40年前在巴黎受过高等教育，我对西方的了解可能比你少不了多少。现在请问，你对东方了解多少？"对我国代表的这个提问，那位外交官茫然不知所措，满脸窘态，其傲气荡然无存了。很显然，是我国代表抓住他对东方文化不太了解的缺点，才使他完全闭上嘴巴。

弱点是一个人最致命之处，面对不好打交道的人，我们要巧妙地利用对方的弱点为自己的沟通扫清障碍，使对方愿意主动改变自己的主意或是听从你的建议。

范·拉塞尔在美国好莱坞经营一家影业公司。拉塞尔手下有一名技术专家名叫皮特•里弗斯，此人的脾气非常暴躁，无论是谁只要一不小心说错了话，便会被他训斥一番，连老板拉塞尔也不例外。好在拉塞尔为人宽宏大量不与其计较，况且里弗斯只是脾气臭了点，但是为人专注敬业，专业能力不可小觑。

有一天，还是为了一件工作上的事，里弗斯同技术小组的一名助手吵了起来，最后他甚至大动肝火，拍着桌子大骂起来，拉塞尔前去劝阻也没有用。正在局面闹得不可收拾之际，里弗斯的小女儿忽然跟着母亲来到了办公室，女儿见到父亲暴怒的可怕模样，吓得当场大哭起来。里弗斯见状，急忙跑过去哄女儿开心，刚才的怒火也转眼间烟消云散了。

拉塞尔看到这一情景，心头突然一亮：原来里弗斯的“死穴”是他的宝贝女儿呀，对谁都不服的里弗斯只有面对自己女儿时才百依百顺。于是，拉塞尔打算从里弗斯的女儿身上做文章，设法使里弗斯改变脾气，和同事们搞好关系，从而为公司作出更大贡献。为了使里弗斯的精神生活过得充实，拉塞尔在离公司不远的地方给里弗斯租了一套房子，目的是让他和妻子、女儿能够生活在一起。里弗斯对于公司的好意，心里感到十分过意不去，始终不肯接受。

拉塞尔笑着说:“搬不搬家，这回恐怕由不得你了，先去看看房子吧。”“你这是什么意思？”里弗斯嘟囔起来,“难道你还要强迫我搬家不可？”拉塞尔说：“不是我强迫你，是你的女儿，她已经替你做主了。”里弗斯走进屋子，看到女儿已经把东西搬进来，正冲他微笑，于是就没有再说什么。拉塞尔趁机语重心长地对里弗斯说："皮特，作为你的朋友，我可要劝劝你了，你的脾气应该为了女儿改改了。我知道你自己每次发完脾气后都很愧疚，但是每次与别人发火之前，你都把对方想象成你的女儿，那样气不就自然消了吗？"

里弗斯沉思了半天，对拉塞尔说："你说得对，我真的应该改改脾气了！"于是，里弗斯顺从了拉塞尔的安排，搬进了新居，他非常感激拉塞尔的关照，从此很少在公司里发脾气，专心带领自己的科研小组，为公司陆续开发出了一批新产品，创造了巨大的效益。

拉塞尔巧妙地利用了里弗斯的心理死穴——女儿，说服里弗斯改掉自身的坏脾气，协调了他和同事之间的关系，让其更加专注地投身于业务上，从而为自己的公司创造了更大利益。

一旦抓住对方的致命弱点，就等于掌握了人际关系的主动权，再令人头痛的难题也有了解决的途径。这就要求我们在说话时，要多动动脑子，多去留心观察每个人的特点。攻其软肋，才能出其制胜。

用对方的观点说服对方

说服他人的时候，还有一个重要的技巧，那就是用他人自己的观点驳斥他人。也就是说在驳斥的过程中，并不直截了当地把对方所应知道的告诉他，而是通过讨论问答甚至辩论的方式来揭露对方观点中的矛盾，逐步引导他人最终自己得出正确答案。

古代波斯帝国有一位年轻的太子，在与阿拉伯帝国的侯马亚王军队交战中被俘。

军士们把他押送到侯马亚王面前，国王下令推出去杀掉。

太子表现出一副可怜相说：“慈悲的国王啊！我渴极了，赐我一碗水吧，那我就死而无憾了。”

国王点点头，命随从给太子递了一碗水。

太子接过来不喝，却左顾右盼起来。

“你怎么不喝，看什么看。”一名军士喝道。太子扑通一声跪在地上，说：“我担心，不到这碗水喝完你们就会举刀杀我啊。”

国王哈哈一笑说：“笑话！我从来都是说一不二的。你尽管喝好了。我向全能的真主起誓，在你喝完这碗水之前，肯定不会杀你的。”

太子一听，迅速把水泼在地上，然后对吃惊得张口结舌的国王说：“陛下，我没喝这碗水。这水已滋润了您的土地，我肯定是无法喝到它了，请您履行您的诺言吧。”

国王说不出话来，只好放了太子。

这种辩论法看起来就像一种“诱敌深入”的作战方法。它的关键点在于，先避开对方的论点，不做评论。对对方准备得最充分、认为最有把握的论点，避而不答，含而不露，通过提问和自己的分析，诱使对方大胆地回答自己的问题，进而明白自己的论断是站不住脚的，最终达到说服对方的目的。列宁也曾运用这一方法，成功地说服了群众。

俄国十月革命刚刚胜利的时候，许多农民怀着对沙皇的刻骨仇恨，坚决要求烧掉沙皇住过的宫殿。别人做了多少次工作，农民都置之不理，非烧不可。最后，只好由列宁亲自出面做说服工作。列宁对农民说：“烧房子可以。在烧房子之前，让我讲几句话，可以不可以？”

农民说：“可以。”

列宁问道：“沙皇住的房子是谁造的？”

农民说：“是我们造的。”

列宁又问:“我们自己造的房子,不让沙皇住,让我们自己的代表住好不好？”

农民齐声回答：“好！”

列宁再问：“那么这房子还要不要烧呢？”

农民觉得列宁讲得好，同意不烧房子了。列宁并没有采取强迫的方法，而是通过提出问题，启发农民从对沙皇的仇恨中解脱出来，同时也放弃了原来的想法。

真正有效的说服不在于你认为自己是如何的正确，而在于对方是否认为你所说的正确。因此，光是自认为理由充足可不行，还要掌握住对方的心理特点，使对方心甘情愿听你的，一切都由你做主。

美国第十六任总统林肯，曾经以一句“为人民而创造的政治”，掌握了民众的心，而为民众所拥戴。林肯总统在面对需要说明的场面时都会说：“我在开始议论时，就会将彼此意见的共同点寻找出来。”

林肯在著名的奴隶解放演说中，在最初 30 分钟，只叙述了一些持反对态度者所赞同的意见，然后再将反对者按自己的目标逐渐地拉到自己这边来。

林肯的说服方法，如果从潜在心理学来看，有两个要点。其一，人往往在被别人压抑住其自身的意见时，自己才发现真实的一面，而反过来完全地信赖对方。其二，“自我发现”时，在主观上仍非常相信就是自己的意思，而事实上，这往往是被说明者诱导出来的结果。林肯运用这个技巧的秘诀，就是在演讲前 30 分钟，先巧妙地软化敌方，也就是在开始时先强调敌我之间的共同点，引导对方，使他们一步步接受自己的观点。

如果从一开始就强调自己的立场，彼此间的鸿沟就会越来越深，而演变成“如果你有那种想法，那我只好和你拼了”的局面。当对方有了这种对抗的心理状态时，你是绝对无法说服他的。

说服者和被说服者，双方的利益经常是不一致的。在彼此观点存在分歧的时候，不少性急的女性朋友往往通过说服来解决问题，结果却发现遇到了前所未有的困难。其实，导致说服不能生效的原因并不是我们没把道理讲清楚，而是由于劝说者与被劝说者固执地据守在各自的立场之上，不替对方着想。如果换个位置，被劝说者也许就不会“拒绝”劝说者，劝说和沟通就会容易多了。

比如，我们可以借用对方的话，用来陈述自己的意见，让对方不知不觉落入“圈套”。其方法是，与对方见面后，装作没事一样，随便拉家常，谈对方感兴趣的问题，要注意捕捉他说的能用来表达你要说服他的观点的话，在适当的时候，对他说：“正如你说的……”接着加以适当的发挥，这样，你再跟对方提出要求时，他就无力推脱，因为你采用的正是他的观点，否定你不就等于否定自己了吗？

可见，说话的艺术性很重要，同样的意思，看你用什么方式去表达，能拿捏好对方心理，就能巧妙采用对方观点说服对方。“不战而屈人之兵，”这才是最给力的。

有时候，发挥女人独有的优势

生活中我们遇到被拒绝的现象太常见了，有时候好言说尽，但是对方依然以各种借口和理由搪塞、推托和拒绝，让你无计可施。一些脸皮薄的女人在这种情况下只好打退堂鼓，也不再另行组织“进攻”。但也有性格顽强、不达目的誓不罢休的女人，她们采用软磨硬泡法，友好地赖着对方的时间，赖着对方的情面，不把事情办成就是不回头，搞得对方急不得恼不得，到最后不得不答应她的要求，这个时候她才鸣金“凯旋”。

安妮是一个保险推销员，有一次她到一家餐厅去拜访这里的店主，店主一听到她是保险公司的人，笑容在瞬间就收了起来。“保险这玩意儿，根本没有什么用处。为什么呢？因为必须等我死了以后才能领到一些钱，这有什么用呢？”“我不会浪费您太多的时间，您只要给我几分钟让我为您说明就好了！”“你看到了，我现在很忙，如果你的时间太多的话，为何不帮我洗洗碗和盘子呢！”

店主原来只是以开玩笑的口吻戏谑她，没想安妮真的脱下外套，卷起袖子开始洗了。店主被吓了一跳，大声地对她喊道：“你来这一套也起不到任何作用，我们实在是不需要保险！所以，不管你怎样说，怎么做，我们也绝不会去投保，我看你还是别浪费自己的时间和精力了！”

安妮笑笑继续干活。以后每天都来这家店里洗碗和盘子，店主还是铁石心肠地告诉她：“你再多来几次也没用，你也用不着再洗了，如果你不是个傻子的话，趁早找别的人家吧！”

但是安妮并不气馁，依然天天来这家店里洗，10 天、20 天、30 天过去了。到了第 40 天的时候，这个讨厌保险的店主终于被安妮的耐心感动了，最后答应投高额的保险。不仅如此，而且还替有耐心的安妮介绍了不少桩生意！

在双方的心理对抗中，如果你有不达目的绝不罢休的气势，那么这个不想给你帮忙的人最后不是被你感动，就是不想再让你浪费他的时间，你所要求的事情他很可能也就答应了。所以，当你看到他拒绝的时候，不妨多运用这种“死缠烂打、软磨硬泡”的战术。

我们常说，精诚所至，金石为开，打动不了对方，很多时候是因为我们不够执着，如果我们有滴水穿石的精神，坚持不懈，就一定能把艰难的事情办成。

拉关系的高手刘姐，曾用一个“黏”字概括了自己的经验：

“要说拉关系，咱们是大行家了。有用得着的人，想什么办法也能把他黏住。在轻工业局管材料的那个老薛，在咱们那儿号称‘非金属大王’，简直就是我们的衣食父母，不拉上关系还行？你看他现在跟咱们吃吃喝喝，有说有笑的，当年见到我却连个招呼都不打。那时候我只是在办公室里和他见过一面。人家连正眼都没瞅咱们一眼。我可不怕你架子大。我很快就把他的底摸清了。当天晚上，我买了一个高级儿童玩具，就往他们家去了。他还是不理我，脸阴得快要下雨了。我假装没看见，拿出玩具和他小儿子玩起来了。他想撵我走，但这句话他硬是没说出口，他最疼他小儿子，我这叫投其所好。

“从此之后，我三天两头往他家跑，每次都买点玩具、挑比较便宜的买。这时候礼太重了，反而让他生出防范之心。老薛对我还是爱理不理的样子，我还是假装着看不见，与他小儿子一起玩。我这人最烦小孩，在家里连自己的小孩都不抱，现在可真有耐心，40 岁的人跟个七八岁的小孩泡上了。我那个样子也够人瞧的，但我不在乎。

“我就这样跟老薛泡上了蘑菇，每次都是跟他儿子玩，一句也不提正经事。终于有一天，他耐不住性子，找我来扯闲话。我暗地里松了一口气，关系就算套上了。人嘛，都长着心，处长了自然就会有感情，只要你能熬得住就行。

“我知道有人说我这叫丢人现眼，真是书生之见！天下谁能不求人，你能房顶开门，锅台打井吗？求人就得低三下四，难道还让人家反过来跟你说好话不成？我丢了面子，但办成了事，你没丢面子，也是什么事办不成。

“我的经验只有四个字，那就是软磨硬泡，也可以说只有一个字，那就是黏。”

可见，只要你认定目标，发扬不达目的誓不罢休精神，就一定能够如愿以偿。

通常，一个大男人死缠烂打会被人看轻，他自己也会觉得颜面尽失，丢不起那个人。但女人就不同了，她弱者的形象增加了人们对她的同情和理解，她的坚持是有诚意、有韧性的表现，这是女性在交际上的天然优势，姐妹们一定要认识到，并把这种优势充分发挥出来。

但是，也有一些女人脸皮太薄，自尊心比较强，经不住人家首次拒绝的打击。只要事情略微受阻，她们就会脸红，感到羞辱、气恼，要么与人发生争吵闹僵，要么拂袖而去，再不回头。表面看起来这种人很有几分“你不给办事就拉倒”的骨气，其实这是脆弱的表现。她们只是顾及自己的面子而不想千方百计达到自己的目的，对自己的事业没有一点好处。

因此，姐妹们仍需磨炼，进一步增强抵抗挫折的能力，碰个钉子脸不红心不跳，不气不恼，照样微笑着与人周旋，只要还有一丝希望就要全力争取，要有“不达目的决不罢休”的气概。只要有这种顽强的意志就能把事情办成办好。

一个聪明的女人会审时度势，适当的时候脸皮厚点，拿出不达目的誓不罢休的气概，百折不挠的诚意，结果必须是胜利与感化对方同时而至。

说服对方，请将不如激将

想要说服别人时，女人常常苦口婆心，不厌其烦。但实际上，有些人无论你怎样正面开导，他都听不进去。倒不如利用一些略带贬损意义的、不太公正的话给对方罩上一顶“帽子”，故意刺激他、羞辱他，使他跳起来，自动就会改变原来的立场和态度。

尤其是面对自以为是、好胜心强的人，巧言激将，能够更好地激发起办事人的自尊心、自信心，让他更好地为你办事。

小敏想推销保险，就找朋友帮忙。她登门拜访朋友，第一句话就说：“大哥，你朋友应该不少吧？有能力帮我推销20份保险吗？”然后就用探询的目光注视着朋友。见朋友犹豫，她就补充了一句：“算了，要是你朋友少，没法帮忙，我就找其他能帮忙的朋友了。”听了这话，自尊心极强的朋友马上拍着胸脯就答应了。

这就是激将法的作用。善用激将法的人中，三国时期的诸葛亮最高明。

汉献帝十三年（208年），曹操率大军攻打江南。刘备为了避免灭顶之灾，派诸葛亮去东吴游说，试图说服东吴联合抗曹。

当时掌握吴国兵马大权的是周瑜。诸葛亮知道要想说服孙权，必先说服周瑜。但是，诸葛亮并不了解周瑜的个性与为人，也不了解周瑜对抵抗曹军的态度，于是决定透过鲁肃探寻一番。这一天，诸葛亮在鲁肃的陪同下去见周瑜。周瑜听完鲁肃的军情报告后，顺口说了句："应该向曹操投降。"周瑜之所以这样说，是想看看诸葛亮的反应，摸清诸葛亮的意图。

诸葛亮听了微微一笑，说："将军所言极是！"之后，他又装作很诧异的样子，说："主战派的鲁肃将军，竟然不理解天下大势。"

诸葛亮继续说："吴国有一种可不受任何损失的投降方式，那就是把大乔、小乔两名美女献给曹操，这样曹操的百万大军就会无条件撤退。"接着，就高声朗诵起《铜雀台赋》中的一段来：

"从明后以嬉游兮，登层台以娱性；见太府之广开兮，观圣德之所营；建高门之嵯峨兮，浮双关乎太清……"

诵完后，诸葛亮继续说："此赋是曹植所作，当曹操在漳河之畔兴建豪华的铜雀台时，曹植特作赋来赞美，赋的意思是说：'当大王即位之后，在江河畔景盛之地建金殿玉楼，极尽庭园之美，藏江东名媛大乔、小乔于此为荣。'就吴国而言，牺牲大乔、小乔这两个美女，等于是从大树上落下两片树叶而已。所以，不如把大乔、小乔送往曹营。如此一来问题便可顺利解决，根本不必再让将军劳神。"

周瑜一听诸葛亮此语，勃然大怒，将酒杯掷向地上，厉声骂道："曹操这老贼未免欺人太甚！"

原来所谓"二乔"是江南两大美女。大乔是孙策的遗孀，小乔是周瑜的夫人。诸葛亮明知道却故意这样说刺激对方。经诸葛亮的这一连串的圈套，将周瑜抗曹的本意激了出来。于是诸葛亮打铁趁热，详细分析形势，更加坚定了周瑜抗曹的决心。

第二天早晨，周瑜在文武百官面前向孙权请战，并且果断地催促孙权说："只要主公授臣精兵数千攻打夏口，臣必能大破曹军。"

周瑜被诸葛亮这一激，激出了一个千古绝妙的赤壁之战。诸葛亮用激将法，说是求人吧，还不卑躬屈膝，不显山不露水，最终达到了目的。

当然，运用激将法，有一定"技术"上的难度，我们必须了解对方的性格，看他吃不吃这一套。一般来说，一个人的性格特点往往通过自身的言谈举止、表情等流露出来，快言快语、举止简捷、眼神锋利、情绪易冲动的人，往往是性格急躁的人；直率热情、活泼好动的人，往往是性格开朗的人，这样的人最容易被激将。

有一位设计师脾气非常暴躁，他只相信自己看好的技术和产品，专心致志地进行研究，全然不顾是否能得到市场的认可。老板为此十分挠头：辞退他吧，不行，他研究出来的产品有一半都是超前的，给公司带来很多利润；可是他研究出来的另一半产品实在浪费公司的人力和财力，没有市场，只能积压在仓库里。

有一次，老板注意到市场上有一种榨汁机非常走俏，和以往的榨汁机不同，这种机器能够自动进行榨汁与残余物的分离，技术十分领先。要是自己的公司能够研究出这种技术并进行适当的改进，一定是大赚一笔的买卖。可是设计师会同意参与设计这种他看来"太小家子气"的东西吗？以前人家可是非"大件儿"不动脑筋的啊。想了又想，老板决定试一试。

他买来了一个榨汁机，榨出一些橙汁，然后请设计师过来闲聊。说着话，老板像是自言自语似的说："你看这小东西，用途真是大啊，可惜咱们这么一个大厂，都设计不出来这么一个小东西，前两天在产品展销会上，我被某某公司的老总彻底嘲笑了一次，说咱们厂没人。"

设计师不以为然地摇摇头："这个有什么了不起，就值得他们那么嚣张！我还能做出来比这更好的呢。敢说咱们厂没人，他们实在太轻狂。"

老板一听有戏，就接着说："是啊，咱们也不是没人，只不过就算有人，也不肯在这上面用心，那和没人有什么区别？"

设计师一听，倔脾气上来了，说："怎么没用心！我用心一次给他们看看，等我把更好的产品设计出来，气气他们。"

老板一听乐了："你说的是真的？可不能说大话啊，要是你也能设计出来榨汁机，我们可就能在对手公司面前翻身啦！"

设计师只顾着琢磨那个小机器，频频点头，说："简单，简单，等我消息吧。"

老板松了一口气，看来这个设计师绝不是一窍不通，只是以前总是给他下达任务、命令他，怪不得他那么执拗。现在用激将法激他一下，竟然马到成功。

古往今来，激将法屡试不爽。性格倔强的人，十分坚持自己的想法，这其实就是一种逆反心理，对所有不符合自己想法的观念都听不进去。对于这种人来说，"请将不如激将"，如果正面劝说没有效果，就反其道而行之，反而能顺利地达到自己的目的了。

满足对方心理需求

说服术一直强调“攻心为上”，当你洞察对方心理并进而满足其心理需求后,你得到的回报常常是不可思议的。他们往往会产生出一种“士为知己者死”的情怀，一种“知遇之恩”的感情。根据心理学研究，人的心理需求主要有以下几个方面：生理的需要，安全的需要，从属和爱的需要，尊重的需要，自我实现的需要。将这些需要应用于交谈，能轻松地操纵对方，使其心甘情愿地听命于你。

袁世凯窃取临时大总统权力后，每天做着皇帝梦。一天，袁世凯正在午睡，一位侍婢按时端来参汤，准备供袁世凯醒后进补。谁知这位侍婢进门时不慎，将手中珍贵的羊脂玉碗打翻在地，化为碎片。玉碗的破碎声惊醒了袁世凯，他一见自己心爱的羊脂玉碗被打得粉碎，气得脸色发紫，大声吼道：“今天俺非要你的贱命不可！”

在这生死存亡的时刻，婢女连忙跪着哭诉：“这不是小人之过，婢女有下情不敢上达。”

袁世凯大骂道：“快说快说，看你死到临头，还编什么鬼话。”

侍婢哭着回答："小人端参汤进来，看见床上躺的不是大总统。"

"混账东西，"袁世凯更加怒不可遏，"床上不是俺，能是啥？"

"小人不敢说，怕人哪！"婢女哭声更大了。

袁世凯气得陡然立起，咬牙切齿地说："你再不说，瞧俺不杀了你！"

"我说，我说。床上，床上……床上躺着一条五爪大金龙！婢女一见，吓得跌倒在地……"

袁世凯一听，心中不由得一阵狂喜，以为自己是真龙转世，真是要登上梦寐以求的皇帝宝座了。袁世凯怒气全消，情不自禁地拿出厚厚的一沓钞票为婢女压惊。

婢女终日侍奉袁世凯，对他梦想当皇帝的心理当然体察入微。当宝碗玉碎、生死攸关之际，婢女情急生智，顺口编出"五爪金龙惊落玉碗"的故事。这故事正好"印证"了袁世凯的美梦——真龙转世，满足了他的心理需求，使袁世凯化盛怒为狂喜。婢女不但拣回了小命，还得到了"皇恩"。

若要深刻地影响他人，就要做到从他人最细微的需求出发。他人的希望、问题、需要都是他的兴趣里最现实的部分。无论这些东西是怎样显示出来的，我们都必须最先注意这些他人需要的东西。

人际交往中，聪明的女人总会十分努力地去探知他人的心理需求，不管多么细微的事她们都会小心在意。因为这些小事能帮她们更好地说服他人，驾驭他人。因此，生活中我们也要善于体察人心，了解对方最迫切的需求，有的放矢，并采用适当的方式予以激发和满足，使之产生所要求的行为。

一个客户欠了迪特毛料公司150美元。一天，这位客户愤怒地冲进迪特先生办公室，说他不但不付这笔钱，而且一辈子也不再买迪特公司的东西。

待那人说了将近20分钟，迪特才接着说："我要谢谢你告诉我这件事，你帮了我一个忙。既然你不能再向我们买毛料，我就向你推荐一些其他的毛料公司，我们会把你的欠账一笔勾销的。"最后，这个客户又签下了一笔比以往都大的订单。后来他一直是迪特公司的朋友和顾客。迪特的成功，就在于他明智地做出退让，很好地满足了对方的好胜心理。

职场上，我们经常会有向上司提意见的时候，一些不够成熟的姐妹会觉得我是为了公司着想，自己并没有藏着私心。因此，就会容易显得理直气壮，说话的语调和态度也就不会注意了。诚然，你的出发点和心理动机是为了公司，不是为了自己，但要知道，没有哪个上司愿意看到自己的下属来责难自己。即使你的理由多么充分，他们都会因为感觉受到了责难，而面子上难看，以致根本就不会听你的意见，更不会去深入研究你意见的可行性，甚至可能因此而对你产生看法。一旦这种对立情绪或者敌意产生，你将前途堪忧。

而成熟的职场女性绝对不会这样，她们会毕恭毕敬地以请教的姿态去询问上司。上司不但有权力欲，还常常有受尊敬欲、教人欲。他们喜欢教人，喜欢别人拿他们当老师，喜欢被人用崇拜的眼光看着。因此，如果你有意见需要向上级提出来，你应该先考虑到上级的心理需求，那就是以请教的方式向上级提出来。这样会让上级有被人尊重的心理，也会增加上下级之间的信任，从而有利于减少摩擦和敌意，建立彼此相容的心理基础。

交际中的女人要有一颗敏感的心，善于体察对方的心理需求，并用恰当的语言去满足对方的需求。如果能做到正中下怀，你一定能获得满意的说服效果。

在对方引以为豪的事上做文章

女人嘴甜，常常比男人会夸赞人。但赞美要赞到“点子”上，如果是对方不在意之处，少赞美几句也罢，如果是对方引以为豪的地方不妨多来点“锦上添花”。赞美对方引以为荣的事情，是赞美女神秘不二传的“杀手锏”。

乔治·伊斯曼是世界上最有名望的商人之一，他发明了感光胶卷，从而使电影的诞生成为可能。当然，这也为他积累了一笔高达 1 亿美元的财产。

伊斯曼在曼彻斯特建造了一所伊斯曼音乐学校，他还盖了一座著名的戏院，以纪念自己的母亲。当时，纽约高级座椅公司的女总裁想得到这两幢大楼的座椅订货生意。于是，她与负责大楼工程的女建筑师通了电话，约定拜见伊斯曼先生。

会见伊斯曼之前，那位好心的女建筑师向女总裁提出忠告：“虽然你很想争取到这笔生意。但我还是要告诉你，要是你占用的时间超过 5 分钟，那你一定不会再有一点希望。平时他很忙，因此，你得抓紧时间把事情讲完。”

进入伊斯曼在纽约的办公室时，女总裁看到，伊斯曼正伏案处理一堆文件。过了一会儿，伊斯曼抬起头来，说道：“早上好！女士，有事吗？”

建筑师为他们彼此作了引见，然后，女总裁满脸诚恳地说："伊斯曼先生，在恭候您的时候，我一直很羡慕您的办公室，假如我能有这样一间办公室，那么即使工作辛苦一点我也不会在乎的。我从事的业务是房子内部的木建工作，但我之前还没有见过比这更漂亮的办公室呢。"

伊斯曼回答说："您提醒我记起了一样差点儿遗忘的东西，这间办公室很漂亮，是吧？当初刚建好的时候我对它也是极为欣赏。可如今，我每来这儿时总是盘算着许多别的事情，有时候甚至一连几个星期都顾不上好好看看这个房间一眼。"

女总裁走过去，像抚摸一件心爱之物那样，用手来回抚摸着一块镶板："这是英国的栎木做的，对吗？英国栎木的组织和意大利栎木的组织有点儿不同。"

伊斯曼道："是的，这是从英国进口的栎木，是一位专门同细木工打交道的朋友为我挑选的。"接下来，伊斯曼带女总裁参观了那间房子的每一个角落，他把自己参与设计与监造的部分一一指给女总裁看。他还打开一只带锁的箱子，从里面拉出他的第一卷胶片，向女总裁讲述他早年创业时的奋斗历程。

伊斯曼情真意切地说到了孩提时家中一贫如洗的惨状，说到了母亲的辛劳，说到了那时想挣大钱的愿望，讲到了怎样没日没夜地在办公室做实验，等等。

"我最后一次去日本的时候买了几把椅子运回家中，放在我的玻璃日光室里。可阳光使之褪了色，所以有一天我进城买了一点漆，回来后自己动手把那几把椅子重新油漆了一遍。你想看看我漆椅子的活儿干得怎么样吗？好吧，请上我家去，我们共进午餐，饭后我给你看。"当伊斯曼说这话时，他们已经很不见外了。

吃罢午饭，伊斯曼先生给女总裁看了那几把椅子，每把椅子的价值最多只有1～5美元，但伊斯曼却为它们感到自豪，因为这是他亲自动手油漆的。对伊斯曼如此引以为荣的东西，女总裁自然是大加赞赏。

在离开伊斯曼家时，女总裁获得了那两幢楼的座椅生意。为什么结果如此的出人意料呢？原因其实很简单，那就是女总裁赞美的东西正是伊斯曼所引以为豪的。

那么，怎样才能恰如其分地赞美对方引以为荣的事情呢？那就要在赞美别人之前，必须掌握对方的基本情况，如对方的优点和长处，他的缺点、弱点，还要熟悉对方的爱好、兴趣、人品等，这样才能避免泛泛而谈或者无话可说。知己知彼，方能百战不殆。

其实，在一个人的人生道路上，有无数让他引以为豪的事情。对于一位老师，你可以称赞他的教育成绩和他的学生；对于一位母亲，你可以说她培养了很有出息的孩子；对于一位老人，你可以赞颂他一生事业的光辉点……只要能投其所好，就能轻松获得好感，赢得信赖。

小兰是一名电器推销员。有一次，他走进镇里的一户人家，看到院子后面有一个整齐的鸡圈，小兰便记在了心中。当她敲开户主的大门后，开门的老人家一看是推销员模样的人，便习惯性地要拒人于门外。小兰见状，立马对老妇人说："不好意思，打扰您了。我是看您这有鸡圈，不知道可不可以买点鸡蛋？"老人家将信将疑地半开着门。小兰怕老人家没有听清楚她的话，便又大声地重复了一遍。

老人家这时把门开得更大了些，并问小兰为什么突然来买她家的鸡蛋。小兰说她是跟这附近的人打听过来的。因为都说老太太养的鸡下的蛋好，是真正的有机蛋。

老人家这时放松了警惕，走出门来，一边跟小兰聊鸡蛋的事，一边带着她往鸡圈走去。这时小兰发现在鸡圈的不远处还有一个牛棚，于是小兰便不失时机地说："大妈，您这鸡养得这么好，鸡蛋这么有名，肯定比您丈夫养的牛赚钱多很多吧？"

老人家听到小兰这样的问话，心里乐开了花。这么多年来，尽管她养鸡挣的钱确实比丈夫养牛挣得多，但是他却一直不愿意承认这个事实。这次得到他人的认可，老人家自然是笑得合不拢嘴了。小兰正好趁热打铁，一个劲地夸奖老人家的鸡圈干净、整洁，鸡也是个顶个地精神焕发。当然，小兰也不忘提醒老太太说，如果在鸡圈里安装电器照明的话，鸡会下更多的蛋。老妇人一听，赶紧咨询起小兰用电器是否省电、是否合算。小兰忙一五一十地用最通俗的语言跟老人家做了解释，给了老人家完满的解答。一个星期之后，小兰就收到了老人家的订购单。

如果小兰一开始便自我介绍说是推销电器的，老妇人自然是大门紧闭，小兰连多说一句推销的话的机会都不会有。正是她抓住了老人家生活中引以为豪的一件事，不失时机地夸赞，才终于打开了老人家的心扉。最后顺水推舟地说到电器对产蛋的帮助上，老人家自然是对此不但没有任何的抵触，反倒是增添了更多的信任，签单成功也就成了自然而然的事。

当然，赞美一个人引以为荣的事情，也需要注意几点：第一，赞美的语言表达要准确，不能偏离事实；第二，赞美必须是由衷的、发自肺腑的言语，不要夸张；第三，赞美时精力要专注，让被赞美者感到你是真心实意的。

聪明优雅的女性，要留心做赞美高手，善于发现对方身上的优点，把握对方的心理，恰到好处地赞美对方，从而快速拉近与对方的关系，使对方愿意接受你的建议。